U0336472

OKR 工作法

孙雪峰　唐文纲　蔡楚燊　相佩蓉　著

机械工业出版社

OKR（Objectives and Key Results，目标与关键成果法）是现代企业管理中非常热门的一个名词，因其在以谷歌为代表的硅谷公司中盛行并行之有效，逐渐被国内企业家和管理实践者熟知，并特别受到互联网企业和进行数字化转型的传统企业重视。

本书作者团队为KOD（Key Opinion Doctor，博士意见领袖）核心成员，深入走访了近百家实施OKR的中国知名企业，梳理总结出OKR这一先进管理工具在中国实际落地的条件、困难和解决方法，提炼出一套独特的方法论，以"时机"为起点，以"对谈"为特色，精选出十余个经典案例，并对其中有代表性的案例进行深入剖析，以飨读者。本书开创式地提出"OKR五大利器"，为中国企业提升管理水平提供借鉴，并为现代企业管理模型的升维贡献中国企业家学者的宝贵经验。

图书在版编目（CIP）数据

OKR工作法 / 孙雪峰等著. — 北京：机械工业出版社，2023.7
ISBN 978-7-111-73647-9

Ⅰ.①O⋯　Ⅱ.①孙⋯　Ⅲ.①企业绩效-企业管理　Ⅳ.①F272.5

中国国家版本馆CIP数据核字（2023）第149019号

机械工业出版社（北京市百万庄大街22号　邮政编码100037）
策划编辑：蔡欣欣　　　　　　责任编辑：蔡欣欣
责任校对：牟丽英　梁　静　　责任印制：邓　博
北京盛通印刷股份有限公司印刷
2024年1月第1版第1次印刷
145mm×210mm·8.5印张·3插页·160千字
标准书号：ISBN 978-7-111-73647-9
定价：89.00元

电话服务　　　　　　　　　　网络服务
客服电话：010-88361066　　机 工 官 网：www.cmpbook.com
　　　　　010-88379833　　机 工 官 博：weibo.com/cmp1952
　　　　　010-68326294　　金 书 网：www.golden-book.com
封底无防伪标均为盗版　　机工教育服务网：www.cmpedu.com

引　言

　　每当有新管理理念或者新管理工具被提出的时候，大家都会兴奋地讨论其优秀之处。我们激动于新管理工具为某个特定企业带来的翻天覆地的变化；我们如获至宝，希望可以借由新管理理念学习提高、一扫颓势、东山再起。然而，当企业学习了一系列课程发现效果未达预期，甚至产生了东施效颦的反效果时，往往只能寄希望于下一个管理理念或管理工具的横空出世，正如彼时的阿米巴，此时的 OKR。

　　在讨论如何使用 OKR 之前，我们需要思考一些更为重要的问题：我的企业或者团队适合使用 OKR 吗？什么时间开始使用比较合适？

　　本书从几个方面定义了"时机"。

　　首先是狭义的时机，你的企业是否有"不得不"的理由切换到 OKR。很多管理者认为只要是"新的"，就是"好的"；只要是"好的"，就是我们该努力的方向——这相当于病急乱投医。事实上，企业开展的任何变革都需要找到"对的时机"。所谓"不破不立"，就是指所有新制度的诞生都是建立在对旧制度的摒弃或者迭代的基础上的。

其次，"对的时机"存在于"对的人、对的关系"中。管理工具归根结底是帮助人们实现目标的手段。我们需要充分理解"人与关系"在企业中的具体表现形式，才能确定 OKR 是否可以施行。因此，在广义上，我们也提出了"时机确认"的多个侧面来帮助读者感受不同企业实施 OKR 的特点，进而决定何时采用 OKR。

无论你是锐意进取的企业家，还是敢于创新的创业者，或者是对 OKR 和企业经营感兴趣的读者，乃至研究企业管理的专家和学者，相信书中关于 OKR 的选择、真实的访谈实录、丰富的企业案例、实用的利器总结、理性的案例回顾，必将会对你有所启发。

这绝不是一本简单介绍 OKR 的书，书中融会贯通的管理哲学史观以及对企业管理本质的审视，将带领读者从更高的层面领略管理美学，探求东方管理之道。

OKR 工作法——未来已来，时机在握。

目　录

序　章　管理进化论——OKR 的历史观

OKR（Objectives and Key Results，目标与关键成果法）是当下在全球备受推崇的管理工具。事实上，这套源于英特尔、兴于谷歌的管理工具，切实帮助了众多企业突破管理瓶颈，达成业绩与内部凝聚力的双重提高。目前大量的中国企业，尤其是行业头部公司开始在内部推行 OKR。一些更为激进的管理者甚至用 OKR 全面取代了原有的 KPI 考核制度。2015 年前后，华为、百度、字节跳动、美图等知名企业都逐渐开始使用和推广 OKR。从 2020 年开始，由于"长时间远程协作"的客观原因存在，OKR 方法论中强调团队沟通与个体自主性管理的优势被放大，包括阿里巴巴在内的众多企业开始全面采用 OKR。

不过，在鲜花与掌声之下，值得冷静思考的是：OKR 是不是企业成功的灵丹妙药？OKR 与中国企业的成功是否具有必然的因果关系？

我们在调研中发现，在人才构成上，英特尔与谷歌，尤其是华为的员工普遍是道格拉斯·麦格雷戈（Douglas McGregor）的 Y 理论中描述的那种员工，他们本身并不抗拒工作，也可以从工作中收获除工资以外的满足感。即使没有外界的压力和处罚的威胁，他们一样会努力工作以期达到目标。这些员工具有自我调节和自我监督的能力，愿意为集体的目标而努力，在工作中会尽最大的努力发挥创造力来解决问题；他们希望在工作上获得认同感，能够自觉遵守规定。在适当的条件下，这些员工不仅愿意承担工作责任，还会主动承担更多的责任。如果企业的人才结构不能满足这些条件，便会导致 OKR 的使用收效甚微：高层管理者认为目标难以贯彻落实，一线员工觉得这无非是一种新型的"画饼"。

同时，企业的治理结构、风控手段的健全程度、工作流程的稳定性等，都会影响甚至制约 OKR 的使用效果。

因此，本书解答的一个核心问题是：企业采用 OKR 是否有先决条件？如果有，企业如何开展自我环境检测？我们将企业的管理环境分为红灯、黄灯、绿灯三个级别。在红灯环境下，企业需要完整保留 KPI 考核制度，仅仅把 OKR 作为加强内部沟通的工具，协助各级达成共识；在黄灯环境下，企业可以考虑在小范围或核心层级开展 OKR，OKR 此时主要发挥战略具象与关键节点跟踪的功能。只有在绿灯环境下，企业才可以全面转型 OKR，努力做到"全员使用，完全透明，频繁沟通"。

在解决了"企业如何开展自我环境检测"这个问题之后，本书将重点解答"如何确保 OKR 有效执行"这个问题。我们希望本书可以真正成为管理者在执行 OKR 时的实践手册，帮助企业在实施 OKR 的过程中规避潜在风险。我们将 OKR 实践具象化为六项"OKR 体征指标",为企业定期开展自我审视提供了简洁有效的工具。本书强调的是,在企业真正了解自身状况之前,不要急于做任何决策,尤其是这种改变管理制度的重大决策。"汝之熊掌,吾之砒霜"的案例屡见不鲜,有些不言自明的大道理在执行时也会面临难以解决的实际困难,这也是导致很多企业"说一套做一套"的根本原因。

对管理制度开展有效的管理,是本书的核心理念之一。这六项"OKR 体征指标"也是我们对"管理管理制度"的实践突破。

在整理和回顾案例时,我们发现成功使用 OKR 的中国企业具备一系列相似的行为模式。这些行为模式体现了中国创业家与优秀管理者一些共有的智慧。此外,有别于"西方管理学的一元计划、二元对立"的理念,中国企业实践中蕴含着更为多元与宏观的管理哲学,我们暂且称之为"中式管理"。

"中式管理"的智慧在于跳出问题看问题。例如,西方管理学中的核心矛盾之一,就是"员工"与"资本"的冲突。如何定位"员工",一直是"资本"思考的问题。从奴隶到人力(Man Power),从人力到人资(Human Resource),再到前沿思潮中将"员工"定义为"人力资本"(Human Capital)。无论名义上员工的地位如何提高,一个核心的矛盾并没有解决:员工有较高的地位、较高的福利,就意味着较高的成本;而成本的增加,会降低资本的回报率。在西方管理学中也存在类似的现象。从泰勒将员工比作效率工具，到霍桑实验发现员工士气与产量的关系，再到梅奥口中的"工业文明的社会问题"，提倡劳资沟通——我们可以看到社会进步带来了员工权力的增加，但核心矛盾依旧存在。

如何解决这个核心矛盾？华为给出了一个独特的回答："将员工与资方统一：实行员工持股制度。"一个简单的角色统一，达成了共愿；这个共愿，对于华为而言，是一种超级能力（Super Power）；这种超级能力使得华为可以在年报上写出"华为坚持每年将 10% 以上的销售收入投入研究与开发"这句话；这句话确保了华为可以在任何时候，保留足以远渡未来的科技研发储备。为什么其他企业即使可以投入，也不能这么保证？因为其他企业有股东大会，有更高一层的治理结构。这样的"保证"不是这些企业可以做出的。

同时，由于员工与资方的统一，中间管理层的主要工作不再是协调矛盾，而是充分自治，逐步形成"共有共治共享"的治理原则。

"中式管理"对权力的整合，可以从组织发展的需求角度来理解。企业各利益相关者的最终走向是"权力共存"（Power-with），而非"平等权力"（Equal Power）。"平等权力"意味着给双方提供公平斗争的条件，会形成对抗。比如前面提到的"员工与资方的矛盾"，员工会通过组建工会寻求与资本的平等对话，"权力共存"是形成一种合作的权力，也是在共愿的基础上，允许各种差异存在的同时消除对抗。

　　"权力共存"是"中式管理"的核心智慧之一，本书把这称为"共愿"（Shared Vision）。同时，我们总结出了另外三条核心的"中式管理"智慧：同力（Concerted Effort），知略（Knowledgeable Antenna），适配（Befitted Strategy）。本书会结合 OKR 实践来探讨"中式管理"的智慧如何协助企业走向成功。

历史的回溯

谈及管理学，我们一般从泰勒的"科学管理"开始。之所以会这样，并不是因为在此之前没有管理理念——《孙子兵法》直到现在依旧为很多企业家提供管理思想指导，而是因为在此之前的管理理论不能被"实证"。管理学从可以被实证开始才被认为是科学的，这也是为什么泰勒自信地把自己的理论称为"科学管理"。泰勒也道出了"科学管理原理"与实证的关系：

"科学管理并不是什么大发明，也不是发现了什么惊天动地的事。科学管理是过去曾存在的诸要素的结合，即把老的知识收集起来，加以分析、组合并归类成规律和条例，于是构成一种科学……"

本书力图用实证主义的科学论证方式，探索"中式管理"的智慧范式。

第一次工业革命带来了生产技术的飞跃，但是管理理念相对滞后。"管理学"这个概念极大地帮助了企业应对工业革命所带来的技术与生产关系的革命。可以说，泰勒的"科学管理"成为工业革命得以效能最大化的极大助力；而泰勒在践行实证主义科学观的过程中选取"效率"作为实证的标准，也极其符合当时的美国意志，当时罗斯福总统还提出过"国家效率"的概念。

到了 20 世纪 80 年代，伴随着日本企业的崛起，日本管理哲学中物尽其用的部分被极度放大，形成了以 JIT（准时制生产方式）、LEAN（精益化生产）、TQM（全面质量管理）为代表的"日式管理"理论。彼时，"日式管理"在效率上一举击败了美国的科学管理，主要原因是"日式管理"将"客户价值"提到了首位，促成了企业与供应商默契配合，提出了客户需求拉动式生产模型（Pull Model）。这一次思想升维，也在西方社会引发了一次管理学革命。

当今，在迎来企业与科技的不断创新，乃至第四次工业革命的时候，我们需要不断整合管理工具，协助企业在这个时代激流勇进，拥抱星辰大海。

本书特色：真实丰富的案例，精心萃取的利器

本书最大的特点不是主观地去对国内企业的 OKR 实施情况进行价值评判和打分，而是充分做各类实地调研和关键人物访谈，通过对初创型研发企业、创新孵化器、互联网龙头企业等各类企业的采访，给读者提供真实的体验感，让读者自己体悟案例中 OKR 执行过程和效果的优劣，从而为自身企业的 OKR 实践探索提供借鉴。

首先，针对"什么是真正的 OKR"这个"零号"问题，本书也不是一厢情愿地提出一个定义，而是通过"零号"案例，借企业家的表述给予读者真正的启发，让读者自己思考：

- 企业家的理解对吗？
- 他们因为这个定义而采取的行动合理吗？
- 什么样的 OKR 才能更好地与组织目标匹配？

……

其次，本书用高度精练的语言提炼了"OKR 五大利器"，帮助企业既从狭义的"时机选择"角度开展 OKR 的启动工作，又站在全局的视角，把 OKR 的实施理解为一个不断迭代、不断提

高的过程，从而完整启用五大利器，全面提升管控水平、领导者影响力及复盘迭代能力。只有做好 OKR 的规划，才能充分挖掘 OKR 的巨大潜力。

具体来说，五大利器分别可以为企业管理者提供以下帮助。

- 收集并评估企业现状，判断是否应该启动 OKR 改革。
- 提供平衡 KPI 和 OKR 的标尺，调控企业管理强度。
- 自查领导风格，调控领导风格与 OKR 实施的匹配度。
- 协调企业不同层级使用 OKR 的差异性。
- 指导 OKR 的复盘工作。

下面，就让我们从本书的"零号"案例——"职场侠客：OKR 不是术，而是道"开始，利用"OKR 工作法"进行管理的科学思考与实践。

案例资料 0

职场侠客：OKR 不是术，而是道
——脉脉 CEO 纵谈 OKR 方法论

公司背景

脉脉 App 于 2013 年 10 月上线，是一个实名制职场社交平台，基于"实名职业认证"和"人脉网络引擎"帮助职场人拓展人脉、交流合作、求职应聘。2018 年 8 月 21 日，脉脉宣布完成 2 亿美元 D 轮融资。2019 年 4 月，脉脉宣布用户数突破 8000 万。

采访对象

脉脉 CEO　林凡

采访纪要

问：请问贵司的使命和愿景是什么？

答：脉脉的使命就是六个字：成就职业梦想。稍微展开一点来讲就是，我们希望帮助在中国的每一个职场人，从他进入职场的第一天开始，到退休为止。在这几十年的职场生涯中，他们会碰到各种各样的问题、困难，我们都能较好地帮助他们去解决。这其中有两个核心的关键点，第一个关键点是"选择"，第二个关键点是"努力"。

在中国的职场，很多人在"选择"这个层面上出了很大的问题。在中国，其实还有一小半人的工作是由父母安排的。其他不是由父母安排工作的职场新人，有很多也是两眼一抹黑，不知道什么行业，以及什么样的公司、工种真正适合自己。有很多人可能工作了三年、五年甚至十年以后，还在困惑："我到底该不该从事这份职业？"

在"选择"层面，我们能做的一方面是拆解各种各样的信息，帮助职场人士解决工作的问题，另一方面是拆解公司，不同的公司分属不同的行业，每个行业是不一样的。比如，互联网行业的从业人群基本上都听说过脉脉，都在用脉脉解决具体的问题；但在医药行业，我们的用户规模目前相对较小。

关于"努力"这件事，大家最容易想到的是努力学习各种知识，所以它跟职业教育、职业培训或者经验分享这些要素相关。此外，要做好一份工作还需要有一定的人脉资源。在工作中，你还需要别人的帮助：怎样让公司内外的人都愿意帮你，和你合作去解决职场中遇到的各类问题。最后是怎么形成社会影响力，构建自身职场的影响力：哪怕不换工作，大家也都觉得你在某个领域里面是专业人士，你有很多观点值得参考。这个就是我们总结的"努力"的三个方向，通常简称为"有知识""有人脉"和"有品牌"。

我经常和我的员工说："10 年、20 年后你在中国的大街上走，你周围的人一听说你是脉脉的，他会说，脉脉帮助我解决了好多职场上的问题。这就是脉脉想要实现的愿景。"

问：请问贵司是如何看待 OKR 的呢？

答：我觉得从使命和愿景到 OKR 之间还要有对管理的认知和思考，然后才是 OKR 的实践。

我们为了支撑使命的达成，把管理分解成三角形的三个顶点。第一个顶点是"战略"，主要是方向的规划；第二个顶点是"组织"，组织就是如何把一个团队凝结在一起；第三个顶点是"运营"，也就是企业日常运作的体系，而运营可以分成多个层次，有财务层面、业务层面等。这三个顶点构成一个公司运作的体系：我们的战略方法论，我们的组织方法论，以及我们的运营方法论。不同的公司，在管理时本质上都要做这三件事情，只是讲法可能不太一样。

OKR 是在组织这个顶点里面的。仔细探究一下，我们可以把组织分成六个要素：首先是人员；其次是目标，目标是组织中很重要的要素；再次还有组织架构、信息的传递、决策机制；最后是激励手段。当然，应该再加上一个"文化"，这是横贯在六要素之上的。我觉得 OKR 是在目标体系里的一个方法论。

概括来说，管理的模型包含了战略、组织、运营，然后组织里有以文化牵头的人员、目标、组织架构、信息的传递、决策机制、激励手段。在目标体系这一块，OKR 是方法论的一种，还有其他一些方法论。不管是 KPI，还是平衡计分卡，都是目标的设置方式，在我看来没有好坏之分，更需要我们关注的是与业务是否贴合。

此时管理者对人性的预设至关重要。在泰勒所处的时代，大家对于人的预设是人必须经过强管理、强管控才会去干活。而谷歌提出 OKR 这个工具是基于每个人都有主观能动性，有极大创造力的假设。我个人认为他们说的都有道理。举一个让我印象深刻的例子。我的一位朋友进入新零售行业，到公司的第一天他就说："零售企业怎么这么落后，等级如此森严？"他决心引入互联网文化，减少层级，尽可能调动大家的主观能动性。但结果他发现做物流和仓储工作的员工习惯了听命令，突然间你对他们说"你们做什么自己可以想"，他们就有一种不知道该做什么的感觉。因此半年之后，他发现这样不行，还是得依靠层级制度。

传统行业为什么需要层级制度？因为它需要标准化，同时它所有的动作都是可以标准化的。在进行标准化的时候，你的指令越清晰、越简单、越以 KPI 为导向，员工就能越好地完成任务。如果一件事情没有办法标准化地解决，就要尝试不以 KPI 为导向的管理方法了。我把愿景讲清楚，把我的意图讲清楚，把大概的方向描绘清楚，余下的事怎么做需要你去主动思考。

所以我觉得 OKR、KPI 或者平衡计分卡等各种管理工具是跟业务的特质、组织的特质直接相关的。你招的是什么样的人？你解决的是什么样的业务问题？为什么在互联网公司里OKR 能够快速推广？因为在传统的制造业领域大家会觉得解决问题的方法没变化，既然没变化，那为什么要换成 OKR？互联网公司是极度强调创新的，因此可能更需要这种变化。

脉脉从 2018 年就开始应用 OKR 这个工具了，但客观来讲，哪怕到今天我都觉得效果不是特别理想。这说明 OKR 很难用好。难用好的原因我拆解为以下几点。

第一，OKR 是一个自上而下拆解和自下而上对齐的双向过程，而传统的 KPI 则是自上而下拆解的。因此，使用 OKR 需要让人能够看到整个 OKR 的全貌。"飞书"做了一件很了不起的事情，它可以把 OKR 用一个树状图呈现，可以一层一层拆开来看。你可以看到每一层的 OKR 是怎么设定的，还可以看到下层是怎样支撑上层的。这样你就可以非常快地看到不同节点间的连接关系是什么、重要路径在哪里，以及团队成员互相之间是怎么对齐的。因此，我觉得 OKR 的使用需要好的软件系统支撑，这很重要。当然，如果你说我们没有这个系统，直接用人来对齐行不行？也可以，但我们确实之前在这方面的重视程度不够，走了不少弯路。OKR 不仅是一个目标工具，还能产生协同的作用。如今进行管理复盘，我觉得好的系统对于整个协同体系的构建极其重要。

第二，OKR 制定之后要持续跟进，需要每周回顾。实际上

偏 KPI 导向的团队，如销售团队，即使用了 OKR 其实也要用
KPI。你的任务是多少？你的产出是多少？你的续费率是多少？
反正这些任务都是要完成的。对于他们来说每周的回顾意义不
大，因为他们本来就在天天关注这些数字。但对于那些从事创
新工作的产研人群来讲，他们本来离目标就挺远的，如果不经
常去回顾 OKR，凭着印象去做事，而不是思考"目标进度大概
完成了多少？""我在这个过程中哪些 KR 设定对了？""我跟
配合的团队之间的协同关系到底有没有做好？"等问题，那么
他们的产出大概率就会少一些。所以我们的另外一个重点任务
就是通过系统来追踪每周有多少人更新了进展，更新的比例是
多少，对齐的比例是多少。"飞书"有一系列数值指标帮助员工
去看团队的每周进展情况。当然有很多人会抱怨这有点形式化，
反正随便点个数也算是回顾了。这时我们就需要把背后的逻辑
讲清楚："回顾这个动作对于我实现目标有什么帮助？""为何
过程中要不断有检查的动作？""为何检查动作本身需要不断加
强才能把事情做好？"OKR 的回顾其实是一件非常重要的事。

本篇金句

在目标体系这一块，OKR 是方法论的一种，还有其他一些方法论。不管是 KPI，还是平衡计分卡，都是目标的设置方式，在我看来没有好坏之分，更需要我们关注的是与业务是否贴合。

——脉脉 CEO　林凡

案例 0 反思与延伸思考：

"自洽性"

——企业要"有目标"地学习和落地 OKR

到了 21 世纪 20 年代，为适应复杂多变的外部环境，为了与新生的"自组织"文化潮流（如 Web3.0 相关概念中的 DAO）相匹配，人们对管理方法的要求不断提高，归结为一点就是"自洽"。

自洽，简单地说就是按照自身的逻辑推演，自己可以证明自己本身至少不是矛盾或者错误的。自洽性可以被看作是自然科学研究必须遵守的要诀，只有自洽才能证明研究成果是建立于客观基础上的。简单来说，一个不能够满足自洽性的理论或者方法显然是不攻自破的。

多少年来，人们对于社会人文科学特别是管理科学比较宽容，往往对于自洽性没有那么高的要求。比如，我们经常看到"炒股大师"在推销自己的"炒股经验"甚至直接做"股票推荐"，如果利用这些经验那么容易赚到钱，那这些经验简直就是"会生金蛋的母鸡"，聪明的大师为什么会傻到杀鸡取卵呢？将"炒股经验"公之于众，不是会大大缩短其保质期吗？

还有一些自洽性粗暴地建立在类似"传销"的自循环逻辑之

上，比如炒股的"带头大哥"实际是采用群狼战术炒高一只他推荐的股票。同样的道理，"成功学"的宣传者等似乎都在使用同样的套路。

实际上近年有一些 OKR 实践的失败者已经开始攻击 OKR 是一种不能自洽的概念，也就是只有当所有员工都信仰 OKR 时，OKR 才有效，否则便无效。这种"信则灵，不信则不灵"的逻辑显然对于 OKR 的落地推广非常有害。那么，如何证明 OKR 的自洽性呢？

在上述的案例中，企业的一把手对于 OKR 有明确的定位和期望。他将企业的经营管理拆解为三个部分：战略、组织和运营，又将组织分为六个要素：人员、目标、组织架构、信息的传递、决策机制、激励手段，并且将"文化"横贯在六个要素之上。OKR 被明确地定位为目标层面的管理方法。那么这种定位是否正确呢？答案正确与否一点都不重要，重要的是要有目标。

管理天然具有一定的艺术性，也就是说每个企业经营者对于经营管理可能都会有自己的理解和方法，有人可能会把目标拔高到战略层面，也有人可能会把目标细化到运营层面。即便有的企业理解经营管理的层面与上述案例很接近，也可能会把 OKR 定位到"激励手段"甚至是"文化"层面。是哪种定位不重要，重要的是，有了定位才能为学习、落地 OKR 这件事本身制定合理的目标，把 OKR 方法运用到 OKR 的实施项目当中，这就是最基础的 OKR 自洽性。

制定目标本身是一种技能，可以通过刻意练习不断提升。OKR 似乎在传播一种精神，即在刚开始的时候我们不要怕把目标定得太高或者有偏差，因为通过组织的不断学习进化，我们能迅速挖掘运用目标激发组织效能的潜力。

所以，一开始请避免轻敌，别以为学习 OKR 仅仅是看几本书、开几次会就够了。万事开头难，OKR 的实施要从制定 OKR 实施目标本身开始，而这个目标必然来自企业核心管理层对于企业经营管理本身的深度思考和定位。

也许此刻你的目标仅仅是"谨慎地了解一下 OKR 是什么"，那么恭喜你，你已经制定了一个比较清晰的起始目标，下一步赶紧对实现这个目标所需要的关键成果"KR"进行分解吧。这可以是画一张引人注目的思维导图，可以是主持一次内部员工的知识分享会议，还可以像上述案例中的企业家一样，梳理一下自己对于企业经营管理的理解。

OKR 利器总述

本书的核心价值在于：通过实地调研典型案例，总结出行之有效的管理方法，尽可能使这些"管理艺术"转为可以复用的"管理工具"（见下图）。这些"管理艺术"来自"中式管理"的哲学与智慧。

调查研究   整理量化   匹配工具   生成利器

我们暂且将这些"管理工具"称为"OKR 利器"。

OKR 利器 1：时机选择 / OKR 切换键

主要议题：OKR 对于企业而言是个全新的管理工具，如何使用工具固然关乎成败，但是，选择切换新工具的时机也至关重要。

OKR 利器 2：管理强度 / 强度释放五步法 & 因应矩阵

主要议题：OKR 并非 KPI 的全面革新与完全替代。作为管理工具，二者各有优势。不应因为 OKR 是新工具，就一味推崇，应视时而动，因应而为。

OKR 利器 3：自知 / OKR 管理者"自查手册"

主要议题："管理的本质是人，不是权力。"管理者自身的性格特质和管理哲学理念都影响着管理人格，最终也影响到管理工具的使用效果。本书引入性格理论，对于不同的管理性格进行归纳总结，形成了有效的"管理者自查手册"。

OKR 利器 4：定位 / OKR 领导力三层转换模型

主要议题：OKR 对于企业内部的三层管理者也发挥着不同的作用，我们需要充分理解 KPI 与 OKR 在不同层级间的使用情况。

OKR 利器 5：复盘 / OKR 循环 & 关键节点讨论法

主要议题：OKR 在执行时的主要注意事项；如何对 OKR 的使用进行复盘以达到预期效果。

OKR

OKR 利器 1：
时机选择 / OKR 切换键

工具关键词：因果先后

管理关键词：管理变革的时机选择，商业作业流程的流动方向与管理信息流程构建（Timing selection of change management, flow direction of business operation process and construction of management information process）。

工具逻辑（管理学学术假设）：

（1）管理和所有的企业活动一样，遵循着"流程"（process flow）。

（2）管理行为是可以拆解的；拆解后，管理就变成了一连串存在先后步骤的商业活动（business activities）。

（3）每一次管理革命都伴随着对于管理行为的升级重组，OKR 也不例外。

什么是管理中的"行为流动方向"

管理中存在着两个主要的方向，主要体现在左右方向中的供应与需求流程，上下方向中的层级观念。理解这两个方向，对于使用 OKR 的时机选择、初次使用的范围确认都是至关重要的。

先举个例子，下图中展示的是企业最主要的三种经营活动：从供应商处采购原材料、加工生产、销售给客户。

采购　　　　　　　生产　　　　　　　销售

作为一个企业的管理者，你认为哪个动作最先发生？传统理解一定是采购—生产—销售。如果没有原材料，何以生产呢？

我们先沿着这个思路来完善整条管理路径。当我们认可了采购—生产—销售这个顺序时，企业进而会提出的问题是：采购多少？于是，企业在管理上就需要做预算，流程变成了预算—采购—生产—销售。

预算又是基于什么标准做出的？企业不得不加长流程，变成了预测—预算—采购—生产—销售。而企业的预测大多是偏乐观的，同时，在生产时也会预留一定的销售空间。于是企业很有可能会生产出多于其客户需求的产品。企业的供应商也会基于同样的原因，生产出超出其客户需求的产品。以此类推，供应商可能也有上游供应商，由此"牛鞭效应"⊖便作用在整条产业链上。

随着工业革命带来的产业升级与细分化经营，之前的巨无霸工厂变成无数个企业散布在产业中，这使"牛鞭效应"加剧到可以危害整个产业的程度。

解决该危机的一个简单粗暴的办法，就是改变采购—生产—销售的前后顺序，让销售先发生，变成销售—生产—采购；这时销售变成生产的发令枪，而生产向前指挥采购数量。这样不但解决了由于信息不对称造成的产能问题，甚至在做到极致的情况下，企业可以连仓库都不需要，真正实现"零库存"，节约了一大笔成本。

对管理学发展有所了解的读者会发现，这就是当年"日式管理"的底层逻辑。为了应对外部环境变化，提高产品性价比，丰田率先提出了 JIT（Just in Time，准时制生产方式）。同时，

⊖ 牛鞭效应是供应链上的一种需求变异放大，或称"方差放大"的现象，美国著名的供应链管理专家 Hau L. Lee 将其称为需求变异加速放大原理，指的是信息流从最终客户端向原始供应商端传递时，无法有效地实现信息的共享，使得信息扭曲并逐级放大，导致需求信息出现越来越大的波动。

TQM（Total Quality Management，全面质量管理）与 LP（Lean Production，精益生产）作为对 JIT 的保障，也成了那个时期管理者的必修课。这样的管理方式让日本企业的生产成本大幅下降，直接冲击了美国市场；这次的冲击也让美国管理学界的理论家们从原来的提倡科学生产，变为更加重视外部市场与强调客户价值。

随后，一批管理工具应运而生——探究客户需求的市场营销组合，强调客户价值的波特价值链等，同时理论界提出客户需求拉动式生产模型，取代之前的生产驱动（Push-model）的推销模型。紧接着，企业办公系统升级，从 MRP 系统（Material Requirement Planning，物资需求计划）进化到现在主流的 ERP 系统（Enterprise Resource Planning，企业资源计划）。

通过这次管理变革，本书提炼出一个规律：企业所处的环境变化—现有工具失效—新需求的逻辑改变—产生应用这个逻辑的新工具—新工具被先行者实验成功—新工具开始被普遍接受—补充工具百花齐放—系统跟进并辅助管理工具落地。

这个逻辑也贯穿于 OKR 的出现、爆红，以及使用中。

"我们的环境变了，变成我们一无所知的样子。"

在本次调研访谈中，多数管理者都提到了"企业所处环境的变化与未知性"。

比如，在采访天仪空间科技创始人兼 CEO 杨峰时，他明确提到"我们在干的是一件特别难的事情，没有可参照的案例，没有可借鉴的经验标准。我们是第一批玩家，在业务模式的探索上走在最前面，特别要指出中国的资本环境和美国有很大的不同，在估值和融资方面也没有什么可参考的先例。由于我们一直在摸着石头过河，因此容易干着干着就跑偏了，经常需要抉择不做什么。比如，2018 年时可以选择的路特别多，大家像无头苍蝇般乱撞，需要一个工具统一思路，帮助大家了解彼此状态"。

管理学界也有 VUCA 时代（Volatility，易变性；Uncertainty，不确定性；Complexity，复杂性；Ambiguity，模糊性）的概念。在未来面临不确定时，管理者无法确保经验的有效性。

"KPI 显得落后了，死板了，不时尚了。"

在外部环境巨变的情况下，企业所处的行业随时都有覆灭的可能，因此有些企业不会将自身定位在某个特定的行业上。比如，我们现在很难定义小米是哪个行业的企业。而企业将自己与其他企业区分的工具，就是企业的愿景与价值观。

比如，在与泡泡玛特的管理层沟通时，他们就曾提到："站在 OKR 的角度来看，公司最大的目标并非业务目标，因此必定是超越 KPI 的，但不一定达到使命愿景的高度。"

"当经验失效时，资历变成废纸；当奖金无力时，激励需要更主观。"

一如前文提到的，供需方向的变化解决了当时的行业问题。现在，我们也需要一个理念上的根本转变，才能摆脱困境。

这次是上下的层级转变。

KPI 的逻辑是管理者的经验是有效的，企业的流程是固化的，是可以被拆解并数据化的。员工努力提高 KPI 并获得即时的物质奖励，这势必需要与之配套的"自上而下"的、强调管理层级的管理方法。

而 OKR 是"自下而上"、强调充分沟通、充分尊重个体意愿与创新精神的。

"这是来自谷歌的成功经验！"

"OKR 由英特尔公司发明，随后被包括谷歌（Google）和星佳（Zynga）在内的大公司广泛应用。当谷歌创始人拉里·佩奇（Larry Page）开始使用 OKR 时，他领导的是一家创业公司，他要求员工担任各种职务。后来，当桑达尔·皮查伊（Sundar Pichai）接管时，谷歌已经是世界大型公司之一，有着复杂的人员和组织关系，而 OKR 始终贯穿其中，帮助谷歌一步步地向前发展。"

　　OKR 之于谷歌，很像当年的 JIT 之于丰田。前些年很多企业对于 JIT 的追捧和如今对于 OKR 的跟风，多多少少是抱有一点类似于"追星"的心态的。但企业的经营不能靠崇拜和冲动，我们需要对案例成功的背景进行理性的分析、研究。

　　我们从两家公司的属性上，可以明显看出两种工具最开始适用的企业类型。丰田是汽车制造企业，看重流程且成本收益率很明确。在丰田看来，可以帮助其提高效率、降低成本的管理工具就是好的工具。而谷歌则截然不同，谷歌的很多业务都是创新的，是需要以研发工程师为核心的。因此，如何在产出结果相对难以衡量的情况下有效激励研发工程师开展创新，是 OKR 着力解决的管理问题。

"OKR 的跟随者，很多都是盲目的。"

　　在 OKR 被作为成功的管理经验推广时，大家看到的更多是"OKR 让谷歌成功"，因此大家直接想到的是，如果我的企业使用 OKR 也一样会成功。但实际上，OKR 不是保证企业成功的前提；OKR 仅仅是解决问题的工具，而问题是什么更重要。

　　在介绍美图两次推行 OKR 的经验时，美图 CEO 吴欣鸿说道："我们公司实际上有两次实施 OKR 的经历。第一次主要是希望向谷歌学习，采用先进的管理方法。当时我们还没有理解

OKR 的精髓，只是基于帮助公司实现目标的朴素愿望，团队实施 OKR 的手法还有些稚嫩，后来遇到一些阻力和困难也就没有坚持下来。第二次是公司上市后遭遇了比较大的挑战，公司进行了重大业务调整，甚至砍掉了部分业务。这种切肤之痛，让我们不得不深刻反思公司和团队发展的目标和确保目标实现的方法，OKR 被再度激活使用。当时我听到很多同事反馈不清楚个人目标和公司战略的关系，也对公司战略的理解产生了疑虑。通过 OKR 的实施，大家对'变美'赛道的理解进一步聚焦，更多中高层参与目标的制定和分解，OKR 让公司目标和团队目标、个人目标的关联性变得日渐清晰。美图第一次推行 OKR，是希望学习成功经验；而第二次推行 OKR，则是需要解决面临的问题。"

"目前的 OKR 还在完善中，需要更多地在企业管理中探索、实践、整合与提升。"

JIT 等管理理论的完善也经历了很长的时间。经济基础、经营环境、劳动力构成等诸多的差异，使得当年的美国制造业无法全盘照搬这套"日式管理"的方法。但是，他们吸收了 JIT 中"以客户为指导"的理念，并开始探索超越效率的竞争方法，进而形成了"强调愿景价值观，重技术研发，将部分流程外包，用外包来替换企业内部低效率的环节"的竞争方法。很难想象，如果当年的美国企业全盘采用"日式管理"方法，也在车间拉起"丰田绳"，推行终身师徒制，会是什么样子。

"学我者生，似我者死。"

齐白石的弟子许麟庐模仿齐白石画虾的技艺达到了炉火纯青的地步，一般人不能分辨出两者之间的区别。也有很多人想模仿齐白石画虾，但都不得要领。许麟庐为此很得意，有些飘飘然。齐白石先生看在眼里，语重心长地说了这句："学我者生，似我者死。"

齐白石先生还说："你们要学我的心，不能学我的手。学我的手没有用，也就是说要有灵气。有了灵气，一点就通、一通百通。你没有灵气，你再通也通不了。"

吴昌硕先生说："学我，不能全像我。化我者生，破我者进，似我者死。"同样，对于企业而言，学习 OKR 也是一个"拿来—消化—演变—出新"的过程，这也是本书的核心思想。

本书提供的第一个利器，实际上是一个"想象中的按键"。按下后，你所管理的团队或者企业，将会发生一个"方向上的转变"，将开始从"由左往右"变成"由右往左"，从"自上而下"变为"自下而上"。按键本身不重要，重要的是按下它的时机、方法和范围。

当切换"左右"方向时，团队需要以长期目标为导向，需要在一定程度上摒弃短期的绩效激励。当切换"上下"方向时，团队的沟通不再局限于单向的沟通，会有更多的双向沟通甚至是反向沟通。

每次按下切换键，都会给企业带来成本。按键可以有多个，分别放在不同的部门、团队和管理层级中。企业需要选择对的时机、对的范围按下按键，不可频繁反复，摇摆不定。

下面，就让我们按下想象中的"按键"，走进美图公司的案例，领略 OKR 管理在美图的"东方旋律"。

对的时机：美图的两次 OKR 管理转型

前文提到美图两次推行 OKR 管理的时机不同，其执行效果也大相径庭。

基于美图的经验，企业在按下 OKR 切换键之前，需要解决三个关键问题：

（1）OKR 的引入是为了解决哪种类型的企业在当下的管理中面临的什么问题？如没有遇到管理问题，则无须改变。

（2）什么时候引入 OKR？时机的选择更多是基于大家对于"必要性"的共识。

（3）OKR 是如何解决企业当下的问题的？管理工具不是自动运行的，需要企业提前思考清楚工具的使用方式。

根据前文提供的"OKR 切换键"思路，我们结合美图的案例，具体分析 OKR 的使用要领。

基于美图的实际情况，我们将这三个问题总结为：

（1）美图最困难的时候是什么时候？在什么背景下开始推行 OKR？（When，什么时候？）

（2）美图借助 OKR 解决的最大问题是什么？（What，解决了什么主要矛盾？）

（3）美图是如何使用 OKR 解决问题的，有哪些值得分享的经验？（How，是如何解决问题的？）

美图最困难的阶段是什么时候？

在回望 2020 年时，美图人力官施娜说："新冠肺炎疫情对于所有企业来说都是一个突发危机事件，互联网企业需要主动应对。"处于危机下的团队，更有可能被激发出凝聚力和创造力。突发的来自外部的黑天鹅事件对于这样的企业并不一定造成致命影响，反而会让这个企业有机会超越竞争对手。

"我们确实看到了疫情给客户带来的巨大冲击，"施娜继续说，"比如大家都戴上口罩了；彩妆品类曾出现较大波动，一些日化品牌在美图的广告投放活动也曾低迷了一段时间。随着出游的减少，旅游场景下的拍照需求也就少了。这让我们开始探索用户在疫情常态化下的生活和工作方式中，会产生哪些新场景、新需求，并相应地寻找解决的思路。"

2020 年，美图强调 OKR 相较 KPI 的灵活性优势，而这个灵活性在 VUCA 时代显得格外重要。"对于美图内部管理来说，

OKR 的灵活性始终是一个值得不断深入探究的问题；我们借由OKR 让大家理解灵活性与自主性的重要。"

因此，2020 年并不是美图的艰难时刻，反而是触底反弹、苦中带乐、有所收获的阶段。美图的线上产品，无论是用户数，还是用户的使用场景，都在 2020 年有所增长。OKR 的成功推进是其原因之一。

什么时候才是美图真正困难的阶段？

2020 年 1 月，美图 CEO 吴欣鸿在公司年会上回顾 2019 年，认为那是"太难了"的一年，无论是互联网行业竞争的白热化，还是经济大环境中的不确定性，都是巨大的挑战。"事实上，无论是行业还是经济，都会有周期起伏，有高峰有低谷，但只要有清晰的战略、优秀的团队、有效的激励机制，我们一定能成为穿越周期的公司。"

美图借助 OKR 解决的最大问题是什么？

如前文所说，真正的"困境"不是在有选择的时候，当危机来临，企业只能背水一战的时候，管理工具已经不重要了，企业所有人的行动方向是一致的。一旦危机解除了，或者增速放缓了，企业的管理困境也就来了。美图的管理困境正是出现在

2018—2019 年，那时美图发展放缓，作为 2016 年上市的独角兽公司，其辉煌光环逐渐退却。

美图初期积累的几亿个用户，以及这些用户带来的无穷商业想象，曾让美图成为资本追逐的对象，一度冲击过千亿元市值。在上市初期，美图多方发力，开展多元化布局。互联网服务上有美图秀秀、美拍等产品，硬件上有美图手机。同时，美图也有包括美图定制在内的新业务，为用户提供在不同商品上印染照片以彰显其个性的服务。此外，美图还在 2017 年上半年推出了"美铺"这一社交电商平台以增加电子商务变现途径。

与今天同样多点发力的美图不同，彼时的美图核心业务的营收并不高。美图上市初期的营收来源于两部分：广告和美拍上销售的虚拟道具。虽然 2016 年这一板块财报营收较 2015 年上市前增长超过 40%，但净值仅有 1.047 亿元。如果用波士顿产品矩阵模型（BCG Matrix）来分析，美图在没有"现金牛"的支持下，强行开拓了多项"问题产品"。这些"问题产品"与"明星产品"一起争夺着美图并不富裕的资源，包括人力与管理精力。同时多点发力的直接后果，是绝大部分美图中层管理者开始反馈公司的战略模糊不清，无法将自己部门的发展与公司的长远规划衔接起来。

回忆起那段困难时期，施娜表示："其实我刚到美图的时候，公司的状况还是挺让人担忧的。当时我做了一系列访谈，从高层管理者到核心骨干，再到一些比较有代表性的基层员工，结果让人很焦虑。我发现从上到下有很多抱怨，大家对公司的经营发展提出了很多疑问。梳理之后发现最重要的问题还是战略不清晰。公司继手机之后没有更好的盈利产品。守着美图影像工具沉淀的几个亿的用户资产，大家却不知道下一个奋斗目标是什么，下一步应该往哪里去。当公司高速发展时，速度掩盖了很多问题，一旦发展速度放缓，很多管理问题就很可能集中爆发出来。"

2018 年 11 月 19 日，美图宣布把手机业务交给小米。随后的 11 月 22 日，美图又把美图美妆的运营权交给了寺库。到 2019 年，美图停掉了针对终端消费者的智能硬件自主研发业务，包括智能手机和洗脸仪等产品。

在外人看来这些不得已而为之的止损策略，现在回忆起来，更像是美图壮士断腕、直面恶龙的勇气之举。这条恶龙，诞生于战略不清的混沌时期，成长于内忧外患的环境中。利用 OKR 明确战略、聚焦资源、凝聚团队、科学管理，是美图击败恶龙的成功之路。

美图在使用 OKR 时，有哪些值得分享的经验？

美图 OKR 启示 1：对的时机

"治大国，若烹小鲜。"烹鱼烦则碎。使用的管理工具代表着企业家在某一个阶段的经营理念，要改变这个理念必须谨慎。

并非必要的改变对于管理本身是有伤害的，如果仅仅是为了追求所谓先进的管理工具，无法因地制宜地正确使用该工具，则会带来更为严重的负面影响。这也是美图第一次使用 OKR 失败的主要原因。

OKR 极度强调沟通，强调赋予员工参与感，让所有人都参与到目标制定中来。有些听起来非常正确的观点，执行起来却极难。因为凡事皆有两面，越先进的管理工具越要求企业在"管理"这件事情上投入更多的时间与精力，这些时间和精力也是一种成本。一旦企业管理与沟通的成本超过实际收获的商业价值，企业内部从上到下都会质疑增加管理手段的意义，这些质疑如不能得到及时的解答，又将转为员工对企业的不满。

美图第二次推进 OKR 时，其目标不再是"推广一个流行的管理工具"，而是解决企业当下的核心问题：务实变革，理清战略。

"当时的问题错综复杂，我发现 OKR 恰恰是可以帮助我们解决这一系列问题的最佳切入点。"施娜在回忆自己刚接手工作时说道，"经过核心领导层的深入讨论，我们制定了从战略梳理到组织构架重新调整，再到业务运营重新搭建，最终落地组织绩效考核的路径，坚定地以 OKR 为核心抓手开展工作，并把 OKR 作为统一管理语言的重要手段，提高共识效率。"

吴欣鸿在谈及 OKR 二次启动时，也认为"对的时机"是 OKR 乃至任何一次管理变革成功的前提。"采用 OKR 需要公司达到一定的业务发展阶段和团队规模，100 人以内的早期创业公司几乎不太需要 OKR。创业初期公司的目标比较单一，团队协同比较高效，工作重点在于不断验证产品形态和商业模式，要实时互动，小步快跑。公司成长到一定规模后，将面临更多的内部与外部挑战，团队规模和业务的复杂性也持续增加，此时 OKR 的重要性就会凸显。"

　　本书把这个"对的时机"解读为"企业引入 OKR 的动机"。动机的成立主要体现在两个方面：首先是旧的管理制度已经暴露出了严重的问题，不再适合企业，或者是企业处在焦虑状态及面临生存困境时；其次，企业需要心理安全感以克服战略迷茫时（这点会在美团的案例里详细阐述）。这些都是推进 OKR "对的时机"。

美图 OKR 启示 2：自上而下的坚定意志

　　每次的变革都一定会面临重重阻力。在提到两次推进 OKR 的艰难时，吴欣鸿不无感慨地说："决定推行 OKR 的领导者要力排众议，甚至要有一点偏执。我们两次推行 OKR 都遇到比较大的阻力，如果不坚定就推行不下去。"虽然 OKR 是更多元化的目标体系，但是，管理制度就是管理制度，推进的时候需要极为坚定的意志，否则一定不会成功。任何一次改革没有强有力的推进，都会流于表面。同时，OKR 的内核强调目标的统一性、一致性。一致、统一的起点在哪里？这个起点一定是公司

清晰的战略。战略是目标，这个大家都知道。但是什么吹响了
向目标前进的号角？"是领导者的专注力。"在组织行为学中，
有一个英文词组"Tone at the top"，可以直译为"顶层的基调"。
这个"基调"是塑造企业内部环境的重要核心。这个基调不能
多、不能杂、不能乱。

这是美图两次推进 OKR 的经验之谈。

同时，吴欣鸿认为，坚定地推行 OKR 是第一步。伴随这个
艰难的过程，企业管理者也会实现个人成长，可以更清楚地发
现事物的本质和核心问题，抽丝剥茧，找到问题根源。一旦管
理者同企业一起经历了启动初期的艰难，在雪球滚动起来之后，
就会不断地成长，进而带动企业各个层级的同事，带来更多微
观层面的变化与创新。

在这一点上，吴欣鸿认为"成功的创新要求公司聚焦在核心
路径上，并不断复盘。创新的重点是把所有人的精力和资源都
集中到一个方向，定期复盘得失，选择优先级高的事件，聚焦
精力"。OKR 让美图分散的创新力聚焦在更重要的方向上，"创
新是需要持续的事情，一旦资源被分散，就很难突破。OKR 不
一定直接带来创新，而是发现并梳理了公司的问题，保证聚焦，
从而带来突破"。

当顶层的基调确定之后，为了让新制度更有效地推进，美图
提出了一个概念："OKR 操盘手"。

这是一个有趣的角色设置，非常像当年足球界提出的"自由

人"。20 世纪 70 年代，荷兰队打出了"全攻全守"的极端战术。这种"0-10-0，不分前锋和后卫，见球就抢，有机会就射"的疯狂踢法，让其他球队无所适从，荷兰队由此进入 1974 年世界杯决赛。如果把这种战术类比到管理学，可以归纳为"极端分权主义"，此类管理方式想要取得成功，需要具备两个"前提"和一个"不得不"。两个"前提"分别是个体的能力与体力；"不得不"是找不到更好的管理方法，管理者能力缺位。当时荷兰队的球员的体力与能力俱佳，但由于队内球员种族等问题的存在，一直无法统一战术思想，才形成了"全攻全守"的战术。在之后的足坛中，该战术的传承者也多为有大量优秀外援却无法调和一致的顶级俱乐部。

当年，为了应对荷兰队"全攻全守"的战术，一直以纪律闻名的德国队创造性地设置了"自由人"的角色，第一代自由人由"足球皇帝"贝肯鲍尔担任。在 1974 年的世界杯决赛中，德国队对阵荷兰队。尽管荷兰队拥有众多球星，但德国队以 2：1 的比分获得胜利。

德国队的纪律性体现出"集权管理"的优点：更好的大局观，协同一致的意识素养，个体对自身岗位的专精。荷兰队的"全攻全守"则充分发挥了"分权管理"的优势，给予个体决策自由。当变化发生时，他们会更快地做出判断。两者是管理思维的两极，有突出的优点，也有致命的不足。

"自由人"是为弥补集权管理不足而设置的角色：给予优秀

个体以充分的自由，使其变成连接场外教练组与场上球员的最强一环。

美图设置的"OKR 操盘手"，特别像这个"自由人"。"自由人"需要体能充沛，能攻能守，具有良好的意识和大局观，具备极强的组织能力和丰富的比赛经验。"OKR 操盘手"也一样，需要完备的企业大局观（与战略的一致性和极强的目标感），需要参与多方会议并及时协调（了解多部门业务），以及提供适当的激励与反馈。当顶层基调确立，"OKR 操盘手"就位之后，OKR 的推行就有了良好的基础，就可以逐层完成。在评价美图 OKR 的成功时，施娜表示："目前我们公司核心高管已经形成用 OKR 讲业务的语言体系，描述业务的颗粒度有了统一标准，在说目标、说衡量、说策略时，都能迅速明白对方的意思。"不过，这也是个团队内持续自上向下影响渗透的过程，"在一层层落实的过程中，就难免会遇到各种阻力，疏通到毛细血管是需要不少时间的"。

"OKR 操盘手"的角色，除了让 OKR 的推行更有效率，还为解决冲突提供了缓冲地带。美图技术高级副总裁杨明花女士谈到 OKR 推行过程中印象深刻的事件时，就提到，在制定 OKR 时会出现冲突，有时甚至需要"仲裁"。"有时候跨部门的人一起协商了两三轮也不能达成共识，这时会要求双方共同的上级领导来'仲裁'。"

美图 OKR 启示 3：沟通的顺畅与尊重的送达

随着组织层级的增加，个体对于"管理是什么"的认知也在不断变化。外部经营环境与人际关系的变化，也让管理学以及其他相关学科领域的学者反复界定"管理"的理论边界。

我们常听到管理者说"我的管理理念是对事不对人"。很多管理者都希望从项目或具体事件入手，把一项任务向下属传达清楚，或者把问题分析明白，这似乎就是一个如何表述的问题，是一个结构工程学问题，是有很多的规范套路和公式的问题，可以轻松上手。结果管理者发现学习了很多沟通之道、管理之术之后，依旧说不清楚一件事。或者更惨的是，即便他们感觉说清楚了，也没有获得沟通的预期效果。"对事不对人"的理念是 KPI 式的，是强集权语境下的。麦格雷戈在其著作《企业的人性面》中提出"领导是一种关系"。在人工智能全面推广之前，没有真正意义上的"对事不对人"。

OKR 的顺利执行强调更频繁的沟通，需要基于不断协调沟通的目标制定绩效评价方式。对于从"与人沟通"这个角度探究评价的本质是什么，语言学家戴维森（D.Davidson）和杜波依斯（Duboris）曾经给评价下过一个定义，"评价"其实是精神世界的一种三角测量法，它的本质是通过语言把你和我之外的某一个对象设定为参照物，然后以此来反向明确我们的位置和立场，明确我们之间的关系。

当两个人在虚空中坦诚相对的时候，他们是无法理解彼此的。一旦两个人之间出现任何一个事物，哪怕是一块石头，情况马上就会不一样。对于人与人之外的任何东西，当人们对它开展评价的时候，就是人际关系被建构的时候。一致性的评价会拉近人与人之间的关系，分歧性的评价则相反。压制性的语言会主导关系，附和性的语言则相反。

按照语言学家的说法，语言一共有三个功能：一个是上文提及的评价，另外两个是告知和请求。这三个功能被引申到企业管理范畴，在三段关系里微观化体现为：企业对员工（上位优势关系）进行绩效评价，任务计划下达；企业与其他利益相关者（相对平等）进行企业社会人际定位，承担社会责任，开展品牌营销和公共关系管理；员工向企业（下位弱势关系）汇报工作情况。在传统的企业关系里，企业管理者与员工之间等级关系明确，上下层级泾渭分明。大部分企业员工是在知晓这一层关系的前提下开始包装自己的"评价、告知和请求"，甚至变成"八卦、罢工与谄媚"。我们发现，很多时候管理上的冲突是关系的冲突，而"对事不对人"的管理很可能会强化这种冲突。

在对美图的访谈中，美图管理层特别强调"彼此认同"的概念。"OKR 在使用中，最鲜明的一个特点是赋予绩效执行人参与感，进而带来彼此认同。"从结果上看，OKR 会通过某种特别的方式制造深层次的相互尊重。而在美图，这种特别的方式就是"OKR 话语体系的一致性，目标制定和调整的参与性，绩效方案随需而动的灵活性等。"

谈到这种尊重被赋予之后的结果，吴欣鸿表示："OKR 把所有人都调动起来，理解公司目标，从自己和项目的角度更全面地思考如何制定策略。推行 OKR 之前，研发部门有点像外包公司，按产品部门的开发要求去完成任务。推行 OKR 之后，研发部门就不再局限于接任务的状态，会站在公司整体的视角去理解什么是长期价值，理解产品团队做出来的'开发需求设计'背后的洞察，思维从局部扩展到整体。"

同时，美图的 OKR 非常强调定量的衡量方法，这与 OKR 的学术意义有所不同。美图在使用 OKR 时强化其在绩效考核中的地位，这与谷歌的做法也不一样。美图强调利用 OKR 将战略方向与目标、策略紧密绑定，强调更多的内部共识参与，并通过其与绩效考核的紧密关系来强化 OKR 的推进。

美图 OKR 启示 4：学术之争要放在实际应用经验之后

很多管理者在使用 OKR 时，特别喜欢从学术角度先下定义，明确它的边界。比如，我们最常听到的"OKR 主要用于定性、定目标，一定要自下而上；KPI 主要用于定量、定考核，尤其强调财务数据的使用，一定要自上而下"。这些学术讨论本身没有错，但在实际应用中，企业不必拘泥于对学术边界的教条式坚守，进而限制管理有效性的发挥。能解决企业面临的实际问题才是最重要的。

这一点在美图对 OKR 的灵活应用上体现得尤为生动。

在回答关于 OKR 定义的问题时，施娜表示："在推行 OKR 的早期，经常听到公司内部有关目标制定是'自上而下'还是'自下而上'的争论。但在实际管理中，目标的形成并没有严格的'自上而下''自下而上'之分，只有经过反复沟通协商产生的宝贵共识。"

同时，定量只是一种管理思维。OKR 的定量是基于目标管理 SMART 原则中的 M（Measurement，可测量）而言的。美图技术高级副总裁杨明花对于定量给出了一个实例："在落地一个系统时，技术部门希望给出的周期为 11 个月；管理层并没有接受，经多轮验证改为 9 个月，最终优化到 6 个月。在沟通中，我们使用枚举法排优先级，将总任务（O，Objectives）分解为八个子任务（KR，Key Results），再分别确认负责人、时间节点，将先后顺序和依赖关系理清楚，完成实施蓝图的设计。"

总结

管理的前提是统一的语言体系。"美"是一个无止境的探寻过程，管理也是。

　　OKR 帮助美图在追求"美"的道路上变得更有凝聚力，这让我们相信，重要的从来都不是管理工具本身，而是使用工具的管理团队，这和"摄影最重要的就是镜头后面的那个头"也许是一个意思。好的镜头只是美图的加分项，重要的是背后的理念、能力、创新，以及对时机的把握。

案例资料 1

二次变革：学我者生，似我者死
——美图 CEO 亲述两次启动 OKR 的宝贵经验

公司背景

美图成立于 2008 年 10 月，是一家以"美"为内核、以人工智能为驱动的科技公司。美图以"科技让美更简单"为使命，以"求真务实、爱拼会赢"为价值观，针对用户在生活和工作场景中的影像美化需求，提供编辑设计工具、内容素材及创作者生态服务，并用先进的数字影像技术，探索为相关产业数字化升级提供解决方案。截至 2021 年，美图的应用已在全球超过 24 亿台独立移动设备上被激活。

采访对象

美图 CEO　吴欣鸿

采访纪要

问：请问贵司的使命和愿景是什么？

答：我们的使命是"科技让美更简单"。无论是在个人用户的日常生活场景中，还是在工作宣传设计场景中，创造美的形象、美的作品都是一件门槛很高的事情。美图希望用科技手段，降低变美的门槛，为个人用户和产业客户提供服务。

问：您如何理解 OKR 和 KPI 的关系？

答：两者很明显的一个差异是，之前的 KPI 更多的是自上而下给出一些具体的考核指标；而 OKR 更全面地指明了达成目标的策略与目标的关系；业务团队得以思考自身与实现公司战略的关系，并以自下而上的视角主动参与设计各级组织和业务的目标和衡量方式。

在研发部门，OKR 把所有人都调动起来，理解公司目标，从自己和项目的角度更全面地思考如何制定策略。推行 OKR 之前，研发部门有点像外包公司，按产品部门的开发要求去完成任务。推行 OKR 之后，研发部门就不再局限于接任务的状态，会站在公司整体的视角去理解什么是长期价值，理解产品团队做出来的"开发需求设计"背后的洞察，思维从局部扩大到整体。

更多产品前期的工作，比如用户研究、产品规划，都不再仅是用户和产品团队的责任了，技术人员前置组成了新的虚拟组织。技术人员产生了新的关于产品的想法，同时挖掘了更多的潜力。

KPI 更多的是进行绩效管理，而 OKR 是一种内涵很丰富的管理工具；OKR 除了指明方向、展现目标与策略，同时也有利于实现员工的自我管理、目标的动态调整和 360 度对齐等。

问：您认为企业成功实施 OKR 的条件是什么？

答：采用 OKR 需要公司达到一定的业务发展阶段和团队规模，100 人以内的早期创业公司几乎不太需要 OKR。创业初期公司的目标比较单一，团队协同比较高效，工作重点在于不断验证产品形态和商业模式，要实时互动，小步快跑。公司成长到一定规模后，将面临更多的内部与外部挑战，团队规模和业务的复杂性也持续增加，此时 OKR 的重要性就会凸显。

问：OKR 对于企业文化的变化有什么影响？

答：当团队学会了用 OKR 管理方法进行业务目标管理以后，OKR 就变成了一个思想工具，凡事从战略目标入手，形成价值论证、制定目标、制定策略、复盘归因的闭环；凡事都要讲究是否与战略有关，价值发现是否为真，目标制定是否具有挑战性，策略是否清晰有效，归因是否深刻到位。这种习惯的养成与美图的价值观"求真务实、爱拼会赢"几乎是一脉相承，同步孕育萌发的。

问：您觉得公司一把手所具备的哪些企业家特质对于 OKR 的成功实施有影响？

答：我觉得有以下几个方面：

（1）能够发现事物本质和核心问题，能抽丝剥茧找到问题的根源。

（2）能力排众议，有一定的执着精神。我们公司两次推行OKR 都碰到比较大的阻力，如果不坚定就推不下去。

（3）保持专注力，始终保持一致的顶层基调。

问：如何评判 OKR 的实施是否成功？

答：首先是是否达成了目标，是否实现了业务增长。其次是内部反馈，根据调研团队对公司管理的反馈情况来判断。最后也可以用一些内部的数据指标来评估决策的科学性和效率是否得到了改善。

问：您觉得成功实施 OKR 对企业数字化运营的要求有哪些？

答：最开始我们认为数字化运营水平越高，OKR 的实施效果就越好。我们也开发了内部 OKR 管理系统，也向外部学习OKR 管理工具。数字化的确可以帮助跨地域、跨团队的目标呈现得更加清晰，但同时我们也发现，因为公司业务的变动比较频繁，尤其是当前的市场环境变化剧烈，很多具体策略的调整更新频率较高，实施 OKR 也容易造成员工对于增加文书工作的抱怨。当团队已经比较熟练地掌握了 OKR 的管理方法之后，我们甚至在一定程度上放松了对 OKR 实时上系统的要求，除了对关键节点的 OKR 进行备案，对于日常的 OKR 调整，在团队内部及时更新共识即可。

问：您是如何理解企业核心竞争力的？您觉得 OKR 的实施有利于核心竞争力的提升吗？

答：在提升核心竞争力方面，OKR 还是有很大的帮助的。技术人员站在整体视角，更积极地参与运营，能够很好地进行技术积累。让参与者清楚业务之间的相互支撑和权重关系，可以实现视野的拓宽与心智的延展。

问：贵司是如何定义 OKR 的？

答：O 就是做正确的事；KR 具体定义 O 的内涵和外延，以及描述 O 的实现条件。

问：您觉得贵司的核心竞争力是什么？

答：品牌、AI 影像算法效率、内容素材的供应链效率。

问：贵司的企业文化有什么特点？

答：我们倡导的价值观是"求真务实、爱拼会赢"。另外，我们的员工整体都比较爱"美"，拥有一种独特的"艺术 + 技术"的清新气质，技术人员普遍具备较高的艺术审美水平。

问：贵司如何解决 OKR 拆解和协同方面的争议呢？

答：有时 OKR 的拆解真不是那么简单的。在拆解的过程中需要反复沟通协商，对沟通能力有很高的要求。部门内部、部门之间有时候需要反复协调，如果不能达成共识，还会要求上级领导参与协调。

问：OKR 的实施对员工提出了怎样的要求？

答：首先，员工需要具备一定的数据思维，知道如何量化以及如何选择衡量指标。其次，员工要积极主动地了解目标管理工具、领悟公司战略，学习跨价值链上下游的专业分工，理解一个大的目标是如何依靠团队分工来达成的。

本篇金句

公司成长到一定规模后，将面临更多的内部和外部挑战，团队规模和业务复杂性也持续增加，此时 OKR 的重要性会更加凸显。

——美图 CEO　吴欣鸿

案例 1 反思与延伸思考:

"目标的定性与定量"

—— 如何平衡 "探索创新" 与 "钻研获利"

"一千个观众眼中有一千个哈姆雷特。" 这句莎士比亚的名言如今对 OKR 似乎也适用:一千个企业家眼中有一千个 OKR。在上述案例中,公司把目标管理理解为精确的量化管理,这也许与公司核心创业团队技术出身的背景有很大的关系。相应地,公司非常注重对员工 "数据思维" 和 "量化指标衡量" 相关能力的培养。

这样有问题吗?作为起点没有任何问题。如之前总结的那样,实施 OKR,有目标总比没有目标强,对目标理解清晰的又比模糊的要强。当然不仅仅是这样就够了,OKR 对于企业的自学习成长、快速迭代的能力提出了较高的要求。例如,我们可以仔细品味,OKR 中的目标管理仅仅聚焦在量化管理上吗?如果说企业认为量化管理是目标管理的最大收益,是不是意味着 "定性" 管理已经做得很好了呢?

实际上 "定性" 和 "定量" 是科学研究方法的两种主要分类。简单来说,定性需要讲出相关的原理或变化趋势,然而定量需要分析整个过程,然后再做出相关的细节分析。聚焦企业经营管理的领域，定性被更多地用在"探索创新"（Exploration）上，而定量更多地被用在"钻研获利"（Exploitation）上。

任何一个企业要生存发展都必须做到"探索创新"与"钻研获利"的适当均衡。没有"钻研获利"上的努力，企业可能随时会面临现金流的挑战；连企业的持续生存都面临考验，就更别提持续吸引优秀的人才加入了。然而天有不测风云，故步自封不能适应动荡的环境，要做到基业长青，企业则需要不断进行"探索创新"，从而不断提升核心竞争力，实现可持续发展。

站在纯理工科的角度来说，Exploration and Exploitation（简称 EE，也被称为探索与开发）如何平衡优化是人工智能的重要研究课题，常被用于平衡推荐系统的准确性和多样性。简单讲就是需要通过概率统计选出已有经验中优秀的实践方法，同时对于未知的尝试机会保留一定的探索可能。

OKR 中 O 的描述基于语言文字，因此更多地需要有一定的定性表达和研究的基础，而相对来说，KR 作为 O 的具体表现，则更需要满足 SMART 的定量要求倾向。

具体两者（探索与开发）应该形成怎样的平衡比例呢？这实际上需要综合考量企业外部环境的多个参数，简单地以波特五力模型为参照（见下页图），上下游谈判能力（供应商和客户）、行业壁垒高度（潜在进入者和替代产品）以及同业竞争强度，都直接会影响探索与开发的搭配比例。同时，企业家自身的理念以及整个企业的文化，显然也对这个比例产生一定的影响。

实际上，"OKR 目标管理体系中定性和定量的比例应该如何分配"本身是一个非常值得未来进一步详细研究探索的问题。

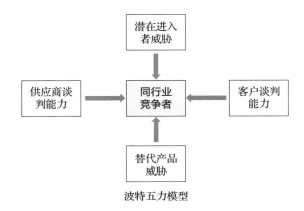

波特五力模型

图来源：百度百科"五力模型"词条。

案例资料 2

初创企业：OKR 是一种管理仪式感

—— 让珍肉 CEO 情有独钟的 OKR

公司背景

珍肉是中国的"人造肉"品牌，成立于 2019 年 8 月。它是国内首家"人造肉"初创公司。

采访对象

珍肉创始人兼 CEO   吕中茗

采访纪要

问：请问贵司的使命和愿景是什么？

答：我们的愿景是"推动人类饮食文明的进化"，即探索引领未来世界的人类应该吃什么食物。我们的使命是"综合做好对自己身体、家人营养、地球环境的照顾"。

具体来说，在未来食品赛道中，植物肉与降低碳排放、解决抗生素滥用、节约利用土地资源等问题都相关。从另一个角度来看，中华文化源远流长，大豆的使用和四大发明中的造纸术（最早用豆渣做纸浆）紧密相关，我们今日打造中式植物肉第一品牌，也是一种文明的传承和发扬光大。我们主要使用东北地区产出的非转基因有机食材，如用大豆和拥有东北大米 70% 营养成分的米糠，制造出真正体现珍贵营养的"珍肉"。

问：请问贵司未来 3~5 年的发展目标是什么？

答：我国的食材精加工产业还比较落后。国外特别是美国在这方面已经有领先企业。在这个被称为新蛋白（或称替代蛋白）的赛道中，我们坚持自主研发，联合多位合成生物技术、食品开发应用等领域的海归科学家，坚持和该领域领先企业 Beyond Meat 同宗同源的研发方向，达到和国外头部企业相同级别的技术能力。

接下来我们除了进一步提高研发能力，提升企业在微生物、发酵食品工程、合成生物学等领域的能力，重要的就是进更多的店、卖更多的货。我们目前已经在北京地区与 100 多个餐饮品牌合作，采用提供"餐饮一站式解决方案"、直供餐饮半成品、提供包含植物肉的菜单配方这三种服务模式。希望未来 5 年内我们能够进入 5 万家餐饮终端，短期内能够进入 1800 家餐饮终端，与 200 个以上餐饮品牌合作。

我们公司目前还处于发展早期，除了生产部门有 15 人，我们将保持人员队伍精简化，追求平等开放、公开透明的企业文化，力争快速扩大品牌在国内的影响力，三五年后能在国际市场上具备一定的影响力。

问：请介绍一下贵司开始接触和使用 OKR 的经历。

答：我们公司于 2019 年 8 月成立，但我是一名连续创业者，珍肉已经是我做的第四个项目了。我与 OKR 的初次接触大约是在 2014 年或 2015 年，当时创业的伙伴都是我在美国留学时候的校友，我们是一个拥有理工科尤其是计算机专业背景的团队。大家更喜欢简单的、轻量化的管理方式，于是就开始尝试 OKR 的管理方法，但是几个月以后就放弃了。当时发觉有两大难点：

（1）没有人力资源管理团队，没有预算做培训体系。并不是所有人都是结果导向和目标驱动型的，不少员工表达不清楚自己的目标，比如销售人员给自己定的目标是见更多的客户，而不是扩大销售。

（2）中国人往往讲求含蓄，并不是所有人都愿意公开、透明，这与 OKR 的初衷相悖。我们之前尝试过让员工互评目标的完成度，并将奖金和团队的评分挂钩，但员工给出的打分都是9~10 分，这实际上是不可能的，失去了考核的意义。于是有一天大家都忘记写 OKR 报告了，这事儿就不了了之了。

所以说这一次在珍肉采用 OKR 是我第二次带领团队的尝试。这次创立的企业比上一次（电商贸易类企业）更具有技术研发型企业的特征，团队是轻量级的，也有了全职的人力资源管理人员。我们的投资人有来自上游行业的上市公司，它们期望我们提供一个有效的周和月进度的追踪同步机制，我当时就选择了 OKR。另外，我们也有美国的投资人，他们也向我强调 OKR 的重要性。因此，这一次可以说占尽天时、地利、人和。当然我们使用 OKR 的时间并不长，在摸索中前进。

在每次 OKR 的沟通会议中，员工都会对自身目标的状态进行打分，分为红色、黄色、绿色等不同状态，并把发生的问题归因为内部或外部。在会议上领导可以及时给予反馈，进行优先级排序：红色当场解决，黄色制订解决计划，绿色则予以肯定。坚持这样做，逐渐就会形成一种"仪式感"，我觉得仪式感本身就是 OKR 很大的贡献。

问：能再多分享些你们团队运用 OKR 的具体方法吗？

答：前面提过这次实施 OKR 最重要的目的是协调产销部门，因此做周、月、季度的目标追踪是最重要的，对员工进行激励和考核是第二目的。因此考核是弱考核，不和工资挂钩，但与员工的未来发展定位和股权激励挂钩。

经过人力资源的培训后，公司未来会逐渐让员工互相对目标完成度打分，目前 OKR 的完成情况是由管理层衡量的，但首先由员工自己对目标完成情况进行状态标注。目标共有红色、黄色、蓝色三种状态，每种状态会有对应的一系列描述性文字。

我听说在美国有的公司设置的目标是目前可实现指标的一倍以上，这一点我们没有照做，而是建议员工根据实际情况制定相对务实一些的目标。对于我们团队来说，设置太高的目标可能太激进了，按照实际情况制定稍微高一点的目标更有利于员工客观评价内外部条件。

即便如此，我感觉之前遇到的"员工表达目标的能力"问题还没有得到很好的解决，我觉得可能是文化上或者语言表达上的原因。比如，我觉得目标应该用一个动态的词来描述，实现什么、达到什么，但是很多员工的表达就是一个静态的描述。还有的员工经常分不清楚 O 和 KR 的差别，例如有一位财务人员上交的工作目标就是"编制财务计划""降低报销流程的复杂性""上传一定的资料"这类事务性的工作。在我看来，作为一名初创期公司的财务人员，首要的目标应该是"提升公司规范化程度""实现所有的财务流程（支付、账款管理、上下游对接、发票报销）数字化"等这样的目标。如果他能以个人向 CFO 方向成长作为自我要求，那么他还应该把"优化未来账期""规划非固定资产"等作为自己的工作目标，无论如何也不应该把常年开展的事务性工作作为自己的成长目标。

问：那么您觉得不同工种的员工使用 OKR 是否存在明显的差异性？

答：这是一个我比较好奇的问题，暂时还没有找到答案。理论上讲每个人对 OKR 的理解都会有所不同，如果逐渐树立了一些标杆性的模板，那么每个员工都应该可以逐渐把这个工具用起来。但从实际情况来看，好像 OKR 更适合研发和销售这类岗位，对那些实操类的工种似乎启发作用不大。

举个例子，研发部门的目标往往很清晰：降低珍肉生产成本，汉堡肉排比 Beyond Meet 的便宜 50%。而工厂制定的目标往往是：及时清洗设备，完成组装、下个月考察新设备等。另外一个可能的因素是我们的研发、销售员工都有高学历，大部分人都有海外留学或工作经历，我不太确定这些经历是否也会影响他们对 OKR 的理解和使用。

还有一些业务负责人把老板布置的工作直接当目标，但没有真正理解这个指令的背景意义，这种能力也许需要通过专业的培训逐渐提高。例如，我曾向一位研发主管建议关注猪肉和碳中和关联的测定，他就直接把"研究猪肉和碳中和的关联性"作为自己的目标，而完全没有思考这个建议的目的可能是提高产品的公信力，或者提升品牌的市场影响力。

问：您对公司 OKR 下个阶段的实施有什么期望，对公司的人力资源有什么期望吗？

答：目前看来我觉得最重要的是"强调仪式感"，让每个员工每周固定时间将自己和他人的工作状态进行同步，看到所有同事在干什么、遇到什么困难，能够站在整个链条的角度追踪进度，留存档案。

OKR 的落地执行与文化背景关系很大，我们主张"平等开放、公开透明"，希望团队成员间在交流时能够直接问对方的目的，但是不少员工不太愿意表达自己真实的想法，或者羞于追问对方的真实想法。针对这个问题我期望维持现有的仪式感，加强工作周计划的追踪，及时纠正并解决重点问题，逐渐实现企业文化向公开透明转变，让团队更加融洽。从企业的价值观上说，如果团队成员都互相知道起码七八成的工作目的，那么团队的整体效率将大大提高。

目前我们公司还处在发展早期，我对人力资源的期望不高。小公司也许还是应该由 CEO 自己做 OKR 操盘手，亲眼看到结果，第一时间处理"红色"的问题。

问：请问你们用什么数字化工具来管理 OKR 的执行呢？

答：我们实际上并没有实现整体流程的数字化，每个 OKR 的汇报人每周提交一个包含每周 10 项重点工作回顾的表格。不要关注太多的目标，大约两三项就够了。

我们市场部用的是钉钉，工厂用的是飞书 OA，但实际工作中员工 90% 的时间还是在微信上交流。最终实际的做法就变成在微信群里收集表格，在电脑上设置文件夹汇总每周的 OKR 报表了。

本篇金句

坚持这样做，逐渐就会形成一种"仪式感"，我觉得仪式感本身就是 OKR 很大的贡献。

——珍肉创始人兼 CEO　吕中茗

案例 2 反思与延伸思考：
仪式感对于创新的重要意义

仪式感在推动人类自身进化和社会进步方面起着至关重要的作用，甚至可以说仪式让人类在面对不确定时找到信心、确定标准、形成记忆。在 VUCA 时代特征非常明显的当下，仪式感变得让人无法拒绝。

仪式感至少给我们带来以下益处：

1. 增加对未来的掌控感

仪式具有固定的形式与程序，这意味着无论外面的世界和周围环境如何变化，只要参与到仪式中，我们依然能感受到"确定"和"掌控感"，让参与者感到踏实、安心。

2. 帮助我们缓解焦虑

当面对压力时，仪式能够帮助我们缓解焦虑。我们经常在比赛中看到集体项目的运动员聚集在一起呐喊助威、互相鼓励、提振士气。而一些顶级的运动员，比如网球名将纳达尔在比赛前要以固定的顺序喝水、拿毛巾。纳达尔说："这些仪式是帮助我赛前准备就绪的方式，它让我感受到一切都是井然有序的。"

3. 帮助我们以创造的方式体验工作和生活的意义

仪式感是我们在平凡的工作和生活中，为自己努力创造和建构的意义，而意义本身能够给我们带来幸福感。比如，同样是一份美食，用更具有仪式感的方式吃掉它，能带给我们更多的快乐。

仪式通过包括过渡结构、符号秩序（企业内部需要构建自身独特的"神话"和"隐喻符号"）、互动结构在内的结构系统，发挥文化功能并生成仪式感。

具体来说，仪式的互动结构包括四个因素：

首先，身体在场是感知情感的前提。仪式是人们与对象发生感性对象性活动的产物，离开了现实的人，仪式就成了一种漂浮之物。

其次，仪式发生在一个具体的场域，具有局域性。仪式有着自己的范围和边界，并且这一范围和边界是划分仪式参与者和局外人的门槛。

再次，仪式的互动结构是主体间对于共同焦点的互相关注。在这一过程中，共同焦点构成了仪式的共同情境。在共同情境下，仪式中的不同个体形成互动关系，即互相关注。

最后，情感是互动仪式的核心。

研究"阿米巴组织"的《空巴》一书提到"经营成功与否，

取决于看不见摸不着的人心"。

　　回到 OKR 的主题以及中国的文化背景，是否可以说 OKR 最大的功课也是"看不见摸不着的人心"呢？虽然具体怎样的仪式有利于 OKR 的实施落地还没有清晰的证明，但是企业需要足够重视"仪式感"，这个在中国企业容易被忽视（可能除了对外销售环节）的结论现在变得越来越清晰。

案例资料 3

刀剑如梦：CEO 之于 OKR 的关键性
——天仪空间 CEO 对 OKR 的独家复盘

公司背景

　　天仪空间科技（天仪研究院）是中国商业化 SAR 遥感卫星及科研卫星的开拓者和引领者，秉承"让航天触手可及"的使命，致力于研制极具性价比的小卫星，为中科院、航天科技集团、清华大学、厦门大学等几十家科研院所、大学和商业企业提供短周期、低成本、一站式的小卫星研制及数据应用整体解决方案。目前公司规模 110 人，2020 年总产值为 3000 万元左右。

采访对象

天仪空间科技创始人兼 CEO　　杨峰

采访纪要

问：请您简单自我介绍一下。

答：我是杨峰，毕业于北京航空航天大学电子工程系，是天仪研究院的创始人和 CEO。天仪研究院是一家"商业小卫星公司"，不同于国家计划立项开展研发的单位，我们是一家商业公司，可以简单对标 Space X 的卫星业务。

我们专注做小卫星的原因是我们判断卫星的发展趋势会和计算机一样，从大型机逐渐进化为小型机、微型机……未来会形成卫星互联网。很多人好奇商业公司也可以做航天业务，这实际上和 20 世纪八九十年代民营企业销售计算机是一样的，过几十年大家会觉得非常正常。

问：概括起来说，贵司的使命和愿景是什么？

答："让航天触手可及"。当初我们创业时就是希望航天不要拘泥于高墙之内，要和日常生活紧密结合。我们公司的目标是到 2030 年成为世界一流的小卫星制造商和数据运营商。

问：请问卫星互联网和 5G 通信的关系是什么？

答：它们不是竞争或者取代的关系。卫星互联网是一种全新的接入方式，它的目的不是打败移动互联网。终端用户需要的是更快的网速、更低的时延和更低的上网成本，没人关心信号是从哪里来的。将来并网是一个趋势，卫星互联网会和电信通信网络形成天地一体化的网络。

问：请谈谈您最早接触 OKR 时的情况和印象。

答：我几年前通过看书和业余学习了解到 OKR 的知识，但并没有想用到自己的公司。2018 年的某一天，我们公司的 CTO 在一次外部交流培训中学习了 OKR 的知识，回来后他就在全公司力推 OKR。然后，我们就由 CTO 牵头，全公司开始使用 OKR。但到 2021 年逐渐处于不了了之的状态。2021 年初开年会之前，团队还在讨论年度 OKR 情况，春节后似乎就没有根据 OKR 来管理工作了。

问：那么回头看这段使用 OKR 的经历，您会怎么评价？

答：首先要反省，干得不好的原因在于，我更像旁观者，而非积极的参与者。我并没有完全被这个工具说服，也不认为我和同事在没有任何人的帮助下能够使用好 OKR 这个工具。OKR 可能是高级工具，而我们还只是刀耕火种的农民。

一方面，OKR 对信息透明和目标对齐有好处。之前大家都在做无序的布朗运动。公司的 O 是什么，部门的 O 是什么……梳理之后工作会清晰一些。但从另一方面来看，OKR 经常会把目标定高。当总是达不到目标时，人的内心是很痛苦的，大家都有赢的欲望，因此会产生很强的受挫感。正因为我们在做前人从未做过的事情，所以定目标的方式经常是拍脑袋，从输入到输出没有依据，结果也就不理想了。"复盘"这件事情也让人很难受，在航天人的文化中，大家本能地不愿意公开描述自己和他人的错误以及问题，这让"复盘"常常流于表面。

问：看来您对目标导向管理是认可的，那么公司有没有使用 KPI 等指标类管理工具？

答：当前公司的管理处于很痛苦的阶段。中国航天是一个体系非常严密的组织，因为航天是不允许出错的。从组织内出来后，我们判断如果沿用原来的管理方式，公司无法获得生存所必需的生产效率。所以，我们从创业之初就彻底放弃了原来的管理方式，早期小团队"放飞自我"效果不错，但现在团队成长起来后，放飞惯了又很难收回来。

另外，很多研究类的工作不容易量化，而销售部门的工作是特别容易量化的，但是目前销售推进很难，如果不通融的话人才留不住。

初创期前三年，公司完全靠人来管。我不是一个特别细心的人，在内部管理方面做不到细致入微。后来我发现可以依靠一些核心员工的个人管理经验，他们个性鲜明，比较受员工欢迎，用这些人把不同的部门串起来，整体向我汇报。因此，简单说还是"人治"。

目前我们有两个办公室，一个在长沙，一个在北京。原本工作多有重叠，有时会出现混乱，频繁出差又让员工情绪低落。后来我们修改了组织架构，北京和长沙各任命了一名总经理，两个基地对于市场和研发方向都进行了切分。根据切分的结果，组织又重新变成了一个个小团队，依靠领导的人格魅力和小组织的文化进行管理。我这个 CEO 需要做的事情就是和两个总经理沟通，确保分工合理，不产生冲突。

另外，我开始运营自己的视频号，目的主要有两方面：一方面对内，一方面对外。对内我把一些可能需要重复与员工聊的话题，比如"公司为什么只卖服务不做制造？""有些业务不赚钱为什么要争取？"等热门话题放在视频号上统一回应。对外我要让投资人和客户更了解我们，把我认同的理念灌输到客户和潜在客户的脑子里去。在未来的竞争中，"认知竞争"是关键。视频号不仅能让认识的人看，也能让不认识的人看；公司的销售人员经常反馈"客户爱看杨总的视频号"。

问：能否简单介绍一下您的视频号是如何运营的？

答：视频号的选题分为两种：一种是同事选的，内容常规但是实用；一种是我自己选的，基于对碎片化内容的消化，例如我将听说的故事联系到行业发展的历史或未来，能看懂的人不多，但看懂的人都比较认同。我的视频号靠自己和一两个同事来做，他们主要是制作，我更多的是策划和撰稿。

问：那您怎么看待员工的激励问题？

答：在我们公司成立的前几年，员工根本不需要激励，因为我们干的事情本身就具有激励性，这是一个特别了不起的事。招聘时我们只挑选认同我们干的事情的新人。我一直认为员工的"认同和热情"比"能力"重要，特别怕有能力但是不认同我们的人进入公司，然后反方向使力，这样的人能力越强越可怕。

逐渐地，当一些厉害的工作变成了年轻员工嘴里的"基本操作"，说明大家的兴奋阈值提高了，情绪慢慢流于平淡。于是我们只能提出更多有挑战性的技术目标，进入下一个循环：以压力带来动力。

我们深刻体会到，尽管相比自己的过去、相比友商，我们的成绩挺突出的，但对员工的奖励最终还是要落实到奖金上。有一阵子公司融资成功，对员工发钱大方，但奖励的标准是靠拍脑袋定的，这就产生了问题。此外，在公司并没有盈利，销售情况也不好的情况下，用融资发奖金的做法就不对。

发奖金的问题处理不好还表现在别的方面。例如，有一段时间，有的员工只要在办公室坐着就有工资，干一点活儿就可以拿奖金。而研发卫星成功有成功奖，但研发人员并不在产品和项目上，他们获得的成功奖很少；另外后台支撑部门员工拿的奖金少，他们也不满意。

我后来特别强调"赢"的文化，以此激发大家的求胜欲，比如去竞争项目。打胜仗本身是一种激励。但坦率地讲，目前我们还没有找到奖金分发的理想方案。

本篇金句

当一些厉害的工作变成了年轻员工嘴里的
"基本操作"，说明大家的兴奋阈值提高了，
情绪慢慢流于平淡。于是我们只能提出更
多有挑战性的技术目标，进入下一个循环：
以压力带来动力。

——天仪空间科技创始人兼 CEO　杨峰

OKR

OKR 利器 2：
管理强度 / 强度释放五步法 & 因应矩阵

工具关键词："因应"

管理关键词：管理强度（Strength of Management, SoM）

工具逻辑（管理学学术假设）：

（1）管理学不是天然存在的，也不会脱离实体而单独存在。管理是一种特定的需求，附着在"被管理个体"之上。

（2）"被管理个体"是动态变化的，无论这个"被管理个体"是一个人、一个团队、一个项目，还是一个企业。

（3）改变管理强度是为了因应（适配）"被管理个体"的动态变化，以期达到更好的管理效果。

　　在实际的案例调研中，我们发现成功的管理者具备两个明显的特点：首先，他们很了解自己在每个阶段的核心目标与任务；其次，他们认为管理工具只是达成目标的手段，至于这个工具叫 OKR、KPI，还是别的什么，都不重要。在必要的时候，组合使用不同的管理工具也是可行的。

　　本书认为，企业的文化与所处的环境帮助企业打磨出了不同的管理方式，这些管理方式反映了企业的执行文化与内部氛围。

　　同时，优秀的管理者在使用管理工具时，并没有刻意强调其学术定义，也不太在意各种管理工具字面意义上的差异。比如，在更新内部管理系统时，美图利用 OKR 偏重目标设定的属性，帮助其推进 KPI 指标的落实。一方面，美图从集团层面强调从原来的"KPI 绩效管理"转变为"OKR 目标管理"，明确了改革的意义及应对改革的决心；另一方面，美图通过持续加码 KPI 管理的量化考核指标，使其成为用来对抗变革阻力的工具，帮助完成管理模式的顺利切换。

　　在调研初期，我们试图与管理者们探讨这些管理工具的定义，甚至争论类似"如果将目标如此细致地量化，那是否还符合 OKR 的定义"等问题。随着调研与访谈的深入，我们发现，赋予企业家合格管理能力的并不是照本宣科的西学中用，而是基于对自身企业实际情况的了解，因应外部的变化与挑战，形成的切实有效的管理手段。所谓因应，百度百科的解释是："因应：犹顺应，谓因其所遇而应之，有随机应变之意。"

西方的管理学非常强调"流程管理""成本管理"等基于清晰的二维路径图的管理方式。新员工入职后，往往会接触到岗位的操作手册或流程图，以及明确的管理层级、绩效制度。但这种大而化之的管理理念，并不适合所有的情况与发展阶段。因此，西方管理学在不断地打着补丁。从人员激励与需求模型，到企业文化与平衡计分卡等管理工具的开发，都可以被视为"打补丁"的过程。

我们的管理者们更为智慧地引入了"管理强度"的思维，针对不同的管理对象提出了不同的管理思路（见下图）。

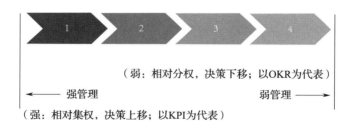

　　　　　　　　（弱：相对分权，决策下移；以OKR为代表）

◄───── 强管理　　　　　　　　　　　　弱管理 ─────►

（强：相对集权，决策上移；以KPI为代表）

如何理解企业与团队自身的状态，匹配合适的管理强度？针对这个问题，本书提出了"因应矩阵"来帮助管理者理解在不同的内外部环境下，应该如何调整自身的管理强度。在这里，管理强度并不是一个严谨的学术说法，可以将其理解为管理者释放给团队的管理信号与强度水平。

设想一下我们驾驶一辆从上海开往北京的手动挡汽车，很难在不换挡的情况下顺利抵达目的地。起步时，我们需要设置低挡位，增加动力与操控性；在高速公路上，我们则需要调高挡位，提高速度以降低油耗。比起驾驶汽车，管理一个团队要更为复杂，需要凭借不同的管理强度来适配不同的团队风格与成长阶段。具体而言，分为六个步骤（第五步和第六步比较简单，在此不详述）。

第一步，了解团队（管理的对象，核心界定词："积极 / 被动""多知 / 小白"）。

第二步，确定目标（管理的方向，核心界定词："稳定 / 变革""盈利 / 投入"）。

第三步，适配工具（管理的手段，核心界定词："集权 / 分权""沟通 / 命令"）。

第四步，引导方向（管理的执行，核心界定词："团结 / 混乱""高效 / 停滞"）。

第五步，实时反馈（管理的控制，核心界定词："奖励 / 惩治""坚定 / 调整"）。

第六步，循环（管理的复盘再适应，重新审视团队与目标）。

第一步，了解团队："因应矩阵"与两轴的设定

"因应矩阵"的使用，首先要基于管理者对"当下情况"的理解与判断。在应对未来的时候，当下有两个关键要素值得思考："人"和"事"。在设计"因应矩阵"时，本书融合了这两

个维度，并选取了两个可量化的指标：外部经验（experience）与内部架构（structure）。外部经验代表管理者对于"事"的掌握程度，内部架构体现了管理者对于"人"的理解与信任程度。

具体来讲，"因应矩阵"分为两个维度：经验轴和制度轴（见下图）。

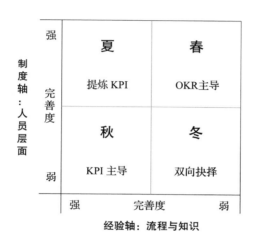

（1）外部经验：经验轴判定的是，企业对于所从事行业或者项目是否具备所需的知识储备，包括对极端情况的应对方案，以及值得信赖的过往经验。

量化背景：知识库

经验与企业责任一样，很难量化。如果要回答"到底什么是经验""如何判断一个企业的经验是否丰富"等问题，我们会将经验看作是企业对因果关系的确信程度。人们习惯性地依赖曾经取得成功的处事方针来指导自身实践。比如，管理者在处理一个犯错的员工时，选择了相对柔性的处理方式，即给予员工改正错误的机会；如果之后该员工更努力地工作，则会被看作是仁慈管理的"果"，进而，这一组"因果关系"会在该管理者脑海中形成烙印，被应用到后续类似事件的处理中，成为他的经验。同样的场景，管理者一开始使用了"严法"，杀鸡儆猴，如果员工后续确实也没有再犯类似的错误，那么该管理者将积累一套截然不同的经验。

经验更像是"管理惯性"，惯性越大、持续的时间越长，使其改变也需要越多的动力。在两轴中，经验轴实际更为主观。

（2）内部架构：制度轴判定的是，企业的人员结构是否完善，人员间的熟悉与信任程度、价值观等是否一致。

量化背景：无效沟通时间

制度完善与否，主要体现在"决策一致性"与"沟通成本"方面。为了达成"决策一致性"，不同的管理风格往往意味着不同的"沟通成本"。头脑风暴与公开公平的讨论，有助于上下级的充分沟通；但当企业面对重大决策与危机处理时，这并非一个好的管理机制。故《史记·滑稽列传》中指出："民可以乐成，不可与虑始。"

制度不一定是成文的公司条例，更多时候，制度源于非正式的行为规范。众多因为志同道合而走到一起的合作伙伴，在创业初期时依靠彼此的默契、对待风险的一致态度及对专业层面的共同理解，构建了小圈子内的"非正式制度"。当团队的决策一致性高、沟通成本低的时候，管理应该尽可能为业务让路。随着公司的发展壮大，人员不断增加，决策一致性降低、沟通成本上升。这时，标准化的管理手段需要适时进场以确保企业的效率。需要注意的是，让管理强度有序加大是非常重要的。我们常听到这样一句话："当一个企业开始要求员工打卡时，也就说明这个企业开始走下坡路了。"这是一句非常片面的话，却也体现了一个问题：当管理者认识到环境需要干预，却采取了简单粗暴的干预方式时，将产生极大的负面效果。

第二步，确定目标：不同的方向，不同的强度

我们首先需要建立一个共识：企业的管理是分层级的，不同企业的决策权存在于不同的层级上。有的企业更加集权，决策权会被保留在较高的管理层级上；而在较为"分权"的企业中，基层管理者在公司事务中拥有更多的决策权。因此，"管理强度"可以被视为高层直接干预决策的程度。在诸如战争指挥、航海等极端强调纪律性的情况下，组织需要极其严格的管理制度作为支撑，这就需要极高的管理强度。而在另一个极端上，在寻求创新的互联网公司，往往允许基层项目经理独自立项，这种情况可以视为管理强度被稀释。基于我们的调研和访谈发现，

很多时候并非管理工具（如 KPI、OKR 等）改变了管理强度，而是企业自身的集权程度影响了管理工具的使用。在一个高度集权的企业环境下，OKR 是很难发挥其优势的。

管理强度主要体现在以下三个方面：

（1）组织架构：包括行政级别意识、集权与分权的导向等。

（2）企业氛围：企业文化、当下企业的业绩表现等。

（3）目标：不同的管理强度适用于不同的目标。当目标是稳定且清晰的，企业适合集权管理，并且倾向于用 KPI 来管理。当目标不够清晰的时候，企业需要激发所有人的创新意识，更偏向选择 OKR。

第三步和第四步，适配工具与引导方向：四象限区别对待

在完成前两步工作后，管理者需要针对不同的企业形态，采取不同的管理方式。

春——经验缺失（事）& 制度完善（人）

整体管理考量：拼搏与播种

处于这个象限的团队，呈现出一幅新生的景象。选择开展一个全新项目的成熟团队，是该象限的典型代表，比如早些时候宣布做新能源车的小米。类似企业或者团队有着相对成熟的人员结构，达成共识并具备相对一致的价值观。完善的制度、

流程，团队间的默契配合是他们的优势。在遇到某些突发事件或者困难时，比起标准化的制度，团队间的默契往往更能解决问题。

但是，由于缺乏流程与项目维度的经验，KPI 的设置往往会不切实际；因此，依据 KPI 来对结果进行把控自然也无从谈起。

当然，团队又不能完全不设置目标。没有定期管控，大家容易在工作中失去目标。因此对于这样的团队，应该充分放大人员间的默契度、协同效能，此时，OKR 提供了一个很好的管理思路，OKR 所要求的及时沟通可以被充分实现，并且新生事物也需要 OKR 中蕴含的创新基因提供的包容性。

如果你的团队正处于这个象限，不要用刻板又无法验证的 KPI 指标领导团队，而应鼓励充分的开放、包容、沟通，用 OKR 赋予团队自主性与活力。期待种子发芽、花朵绽放之日。

夏——经验充足（事）& 制度完善（人）

整体管理考量：稳重与激发

该象限主要适用于那些有完善的管理流程与制度，并且在行业中积累了多年经验的企业。处于这个象限的企业，此时呈现出与众不同的景象。一方面，如 2021 年的苹果公司，处于"夏至"阶段之前，一直维持着高速增长；虽被诟病其创新与开拓精神不及当年，却拥有着极高的市场占有率与利润率。另一方面，部分处于这个象限的企业可能会面临"盛极而衰"的窘境。

在该象限中，管理工作的要义是确保 KPI 管理的有效性，提取流程中所有可以量化的指标，梳理流程图与 SOP（Standard Operation Procedure，标准作业程序）并进行培训和推广。这么做有两个核心原因：一是让制度化管理逐步替代人本位的管理，让管理者有更多精力去做更重要的创新与战略制定；二是达成现有经验的知识化管理，减少人员流动带来的不稳定因素。

因此，在这个象限当中的成熟管理者会认为其重要工作之一就是提取成功的流程与经验，形成稳定的 KPI 制度，并根据现实情况的变化调整，使团队稳步提升。而不成熟的管理者的特征，也主要体现在无法快速确立稳定的 KPI 制度。流程的"能见度"过低，会导致管理者无法全面了解和提取成功元素；核心员工的作用大于管理者，会让管理失效。

为了避免企业步入"盛极而衰"的窘境，管理者一定要有选择地采用 OKR。OKR 的核心优势之一是激发一部分业务流程向未来开拓的可能性，同时唤醒一部分技术研发类人员的自主性。使用 OKR 时，一定要注意使用强度。过于激进地使用 OKR，无异于舍本逐末，很有可能破坏既定流程的稳定性。管理者需要寻求适合企业的 OKR 引入机制，既不要盲目冒进，也不要故步自封。

如果你的团队处于这个阶段，首先请借助成熟的管理工具，用 SOP 与 KPI 指标的思想稳定现有流程、激励新员工，然后逐步分层地引入 OKR（比如针对高管、研发团队），开展局部创新和流程优化。

秋——经验充足（事）& 制度缺失（人）

整体管理考量：碰撞与规训

处于这个象限的企业或者团队，拥有对于所从事行业或者某个项目的经验，但是缺乏可靠的执行团队或者团队成员间互信不足。该象限的典型代表就是另立山头创业的公司前合伙人。他们往往具备某项目或者流程的成功经验，缺乏的是可以贯彻这些经验的中层和基层队伍。他们中的大部分类似创业者都认为自己具备的成功经验足以创立一家新的企业，并使之获得经营上的成功，但实际情况往往不尽如人意。

一方面，这些管理者的经验可能难以落实，甚至造成管理层级间的不理解和冲突。另一方面，这些管理者也可能试图教育员工，不要因为一腔热血地想传承理念而忽视了一己之力的局限性；还有部分管理者走不出原有的舒适圈，忙于业务细节而疏于管理，导致团队中的人员处于一盘散沙的状态，团队绩效无从谈起。

此时，管理者的核心管理工作是统一思想，将高层的理念变成不容置疑的 KPI 数据指标。此时，相对强硬的管理风格、定期的考核制度、奖惩分明的管理机制、明确的管理层级划分都是非常重要的。互信度低导致了极高的沟通成本，此时不适合使用需要充分沟通、强调自主性的 OKR 管理方式。试问，高层管理者拥有自认为是真理的经验与方案，为什么要让不熟悉的执行团队来自定目标呢？与其说是希望释放员工主动性，不如说是管理者不作为。

如果你的团队处于这个阶段，请放弃不切实际的幻想，你的个人经验不足以支撑整个团队的有效运转。当务之急是用成熟的管理工具，协助执行团队快速步入正轨。在组织流程清晰、目标明确、利润稳定之前，不要过早地动用 OKR 工具。

冬——经验缺失（事）& 制度缺失（人）

整体管理考量：探索与生存

个别团队处于这个阶段，缺乏成功的经验，也缺乏同甘共苦的团队伙伴。比如，那些尚未跑通发展路径的创业中后期的没落团队，或者是仓促选择多元化、整体缺乏经验却又起用新人负责项目的企业等。陷入这种困境，部分原因是管理者盲目乐观，在对人、事缺乏足够认知的情况下就激进地开展业务；也可能是管理者不得已而为之，被严酷的环境逼到这个处境中。此时，管理者必须先完成一道不可回避的"二选一"选择题：是要活下去，还是赌一把？如果手里的业务是你唯一赖以生存的项目，请选择"活下去"，尽可能将团队缩小到可控范围，简化流程、快速盈利，一切管理手段都应服务于此目标。本书将这个管理思路概括为"简事固人"。

如果项目并非企业主营项目，无关大局，"赌一把"可以作为你的选择，不过，你在"赌一把"之前，要明确自己的风险与收益目标分别是什么。希望收获的回报，是一个高利润的项目、团队人员的成长，还是一个新项目的开局、新市场的开拓？

在饥寒交迫的严冬，"双向抉择"是至关重要的，需要将"人"和"事"分开处理。管理者必须更坚定地明确每一步的抉择，这些抉择失误的后果无一不残酷。更残酷的是，每一个选项都有着明显的优缺点，使得决策非常困难，但这就是管理者的职责与担当。

"知己"——因应矩阵

管理学中的因果关系，在多大程度上是可以被验证的？当一个员工没有完成业绩，甚至违背了企业的制度时，我们是严惩不贷、以儆效尤，还是宽宏大量、网开一面？无论做何种选择，都有可能诱发正面或者负面的结果。

因果关系问题在常识上是为我们所承认的，但是苏格兰不可知论哲学家、经济学家、历史学家大卫·休谟（David Hume）却对此进行了反驳。他认为，我们能观察到一个事物随着另一个事物而来，但我们并不能观察到任何两个事物之间的关联。而他认为只有那些可以观察到的关联性才是真实的，才属于知识的范畴。因此，我们不能说一个事物造成了另一个事物，一个事物是另一个事物的原因，而只能说它们之间有一种"恒常联结"（休谟创造了这个词：Constant Conjunction）。我们之所以相信因果关系，并非因为因果关系是自然的本质，而是因为

我们所养成的心理习惯和人性的特点——对于不确定性的解释
倾向。

　　在中式管理哲学中，有很多模糊而优美的表达。"知己知
彼，百战不殆"便是其中之一。本书试图做的就是保留优美，
提炼共性，用管理学中的工具和更清晰的思维框架来描述那些
相对模糊部分的特征。

　　因应矩阵（ES matrix）可以帮助管理者"知己"。管理者
们，请"先思而后行"！

案例资料 4

追风逐日：国企先锋成功试水 OKR
—— 华能智链的 OKR 实践

公司背景

中国华能集团提出"数字华能、智慧华能"的建设要求，将数字化作为集团发展的战略路径之一，加快部署数字化建设和转型工作。顺应这个战略，集团组建上海电商公司，提出"以场景管理为基石，数智科技为引擎，供应链金融为抓手"的发展战略，旨在打造供应链集成服务平台——华能智链。

华能智链是中国华能集团旗下清洁能源物资供应链科技平台企业，助力能源行业实现低碳化、数字化、产业化。通过建设数字驱动供应链科技平台，强化公司在产业链上的核心地位，打造能源行业"数字经济"示范标杆，成为产业链的设计者、组织者、推动者、整合者、解决方案提供者。华能智链在 2020 年的交易规模已超 500 亿元。截至 2022 年，华能智链已汇聚全国 20 万个认证服务商，为 6000 余家上下游企业提供涵盖风电、火电、水电、光伏等的采购、销售、运输、仓储、供应链金融和技术服务。华能智链作为中国发电行业首家智慧供应链集成服务平台，获得了业界的高度认可与诸多奖项。2021 年，华能智链入选"第一批全国供应链创新与应用示范企业""国家区块链创新应用试点名单""中国产业互联网百强榜""中国数字化转型企业 TOP10"、上海市"2021 年度贸易型总部";2022年，华能智链入选"中国工业品采购数字化先锋""中央企业电子商务联盟数字化赋能创新案例""2022 年产业区块链 100强""2022 年中国供应链金融生态电力行业金融科技领军企业"。

"我们将继续以垦荒者的姿态，聚焦'双碳'战略，驾驭数智科技，追风逐日，把华能智链建设成为国际一流的供应链科技平台企业。"华能智链总经理胡俊如是说。

华能智链是国有企业锐意改革，探索和推进 OKR 管理的先行者。

采访对象

华能智链人力资源总监　陈妍晔

采访纪要

问：请您介绍下贵司的基本情况。

答：上海华能电子商务有限公司（简称华能智链）是中国华能集团于 2016 年推出的大宗商品网上交易平台。华能智链的主要任务是对华能集团内部承接每年 500 亿~600 亿元规模的集中采购，同时作为集团市场化试点的典型，为保障上游供给的稳定，直接对供应链上下游实施穿透。

华能智链的初始团队于 2016 年由南方实业集团（大集团三级子公司）转员过来，成员的职业背景基本都是传统贸易。2019 年，公司第一次实施社会化招聘，在 2019 年初公司人员规模达到 200 人。2020 年，公司员工规模实现翻番，年底达 400 人。2021 年更是进一步扩张，6 月底员工数达到 530 人。人才的专业背景从原有单一的传统贸易拓展到新能源、风电光伏，以及 B2B、供应链金融等相关领域。华能智链员工平均年龄仅为 33 岁。我们坚持以"契约化"推进企业人事制度改革，以"专业化"为标准引进和培养人才，打造"职业化"的管理体系，建立以"货币化"为核心的激励机制。

问：请问贵司的使命和愿景是什么？

答：我们发展的目标是成为"能源行业的智慧供应链科技公司"。围绕这个目标，我们需要对商业模式进行彻底改变，从传统贸易公司转型为真正的科技公司，但这需要一个过程。公司的商业模式正在围绕"十四五"规划的战略目标积极调整，未来肯定需要团队配置来支撑。

问：请问贵司何时开始接触、了解 OKR？ 贵司对 OKR 感觉如何？

答：我们公司正在研究 OKR，2021 年 5 月开始在商业模式创研中心（约有 30 人）开展试点。试点部门的工作职责主要是创新研发，工作直接成果不可量化，结果具有未知性，而且工作内容的复杂性很高。所以经过内部讨论，大家一致认为商业模式创研中心非常适合推行 OKR。

2021 年 5 月，公司开始尝试推行 OKR，并于 6 月底完成内部培训，整个团队建立共识。后续跟踪得到的反馈是"（OKR）比较适合团队特点和业务开展情况，但需要一边总结一边优化"。

问：刚才提到公司的架构，能否请您多介绍一点贵司的组织架构？

答：在公司的总部，我们的前台包括风力发电、光伏、水力发电、火力发电、电子商城五个事业部，对内服务于各个公司，对外穿透各个领域的供应链。中台包括三个中心：数据研发中心、商业模式创研中心、运营管理中心。后台包括了一些职能部门，比如财务部门、人力资源部门、党建部门等。

围绕火电核心业务，公司率先建立了 7 个区域中心和 3 个审计中心，2022 年在其他部门全面实施区域布局。

问：您如何理解 OKR 和 KPI 的关系？

答：OKR 对员工激励是影响因素，但不是决定因素。OKR 更多的是往前看，与理解目标和达成目标有关；而 KPI 更注重对过去的回顾和衡量审视，顺带展望未来。从某种角度来说，OKR 可以算作对 KPI 的锦上添花。

用 KPI 做考核的时候更多的是依靠类似奖金收入这样的外

在激励，而 OKR 更多的是依靠内在动机和内在能力的激发。我们的员工大多 30 岁出头，工作上带来的成就感能为他们提供更强的内在驱动力。

在我们之前的工作中，设定目标习惯使用 KPI 思维，员工的第一反应是和绩效挂钩，是否完成目标影响奖金数额，因此设定的指标都不具有足够的挑战性，在具体工作中也偏于保守。如何设定有挑战性的目标，如何在团队内更好地实现信息共享，成了我们对 OKR 的主要期望。

问：请问贵司实施 OKR 的阶段程度和未来基本规划是什么？

答：一方面，我们正在推进将"十四五"规划和企业远景目标与 OKR 实施结合的工作，试点部门商业模式创研中心在这方面有天然的优势。另一方面，我们正在尝试把 OKR 和原有的 KPI 考核这两条线理清楚。

问：您觉得试点成熟到什么程度，才可以在全公司推广 OKR？

答：在全公司推广 OKR 的前提条件是试点团队要有完整的闭环实施经验和对 OKR 的深刻理解。闭环实施起码包括完整落实一次年度工作目标、年底总结回顾、基于实际工作完成情况进行复盘。如果在全公司推广 OKR，试点团队将作为参与者投身推广的过程。

问：您认为成功实施 OKR 要求企业员工具备怎样的能力和素质要求？

答：OKR 比较关键的要求是中高层具备战略视野，能看清战略目标，并进行目标分解。对于中基层，我认为 OKR 和别的管理工具要求差不多，都是战略的执行落地。

问：配套 OKR 的实施落地，公司会对组织构架进行调整吗？

答：OKR 的推行会对整体组织构架产生影响。我们目前采用类事业部结构，为矩阵结构。在 OKR 全局推广后，按照目标从上而下的流程可能需要大的调整，但目前我们还在做调研准备。

问：您觉得企业文化与 OKR 的成功实施之间有什么必然联系吗？

答：OKR 的实施会对员工的工作习惯和思维产生深刻影响。华能智链原本是一家偏军事化、强调执行文化的企业，毕竟做大宗贸易需要集中资源，需要注重建设标准化风险控制的体系，对基层的员工强调服从。而 OKR 的推行将会大大激发基层员工围绕目标创新探索的热情。

问：公司核心领导班子对 OKR 的态度如何？

答：从 2016 年开始做混改，我们的核心高层（包括党委和行政班子）的思维一直是很活跃的。他们对于推行 OKR 采取包容、开放支持的态度。

问：您能否推荐一些 OKR 的实施技巧和工具？

答：目前我们只是在内部原有目标计划管理的基础上增加了一些表格，毕竟试点的部门也就是不到 30 人的规模。我们配置了一个人事助理，由他组织工作例会和培训。

问：贵司在实施 OKR 之后有没有跟进推出相应的风控体系？

答：目前尚未专门考虑。一旦全局部署，我们会对目标分解进行审查和整体解释，防止某个部门脱离整体战略规划。我们将围绕"年度目标分解会议"形成机制化管理的标准。

问：贵司将来会如何评判 OKR 的实施是否成功？

答：我们的期望是每个员工都很清楚公司的战略目标，很清楚为了实现目标自己需要如何努力。同时，我们希望使用 OKR 的过程中不需要额外付出太多的精力，围绕 OKR 的相关工作能够润物细无声地融合到员工的本职工作当中。

本篇金句

OKR 更多的是往前看，与理解目标和达成目标有关；而 KPI 更注重对过去的回顾和衡量审视，顺带展望未来。

——华能智链人力资源总监　陈妍晔

案例资料 5

管理升维：OKR 是难的路，更是对的路
——美的电商业绩翻倍的要诀

公司背景

美的集团上市后发展势头迅猛，在中国家用电器行业综合实力稳居前列。集团的经营范围很广，到目前已经涉足消费电器、暖通空调、机器人及工业自动化系统等领域，成为 A 股家用电器行业的代表性企业。集团拥有中国最大最完整的空调、微波炉、洗衣机等的产业链。

采访对象

美的电商冰箱事业部高管　汪德峰（化名）

采访纪要

问：请问贵司的使命与愿景是什么？

答：在美的集团宏大的使命与愿景下，我来具体地谈谈电商冰箱事业部吧。简单来说，我们的使命就是给家人和朋友提供好用的冰箱，具体来说就是要做到行业第一名。这个行业第一名，一方面是商业层面的，成为冰箱领域的销售额第一名；另

一方面是认知层面的，也就是消费者认为美的的品牌力、产品力、服务力成为冰箱领域的行业第一名。集团的经营和产品理念与绝大部分人的期望匹配。

问：请问集团是何时开始接触和了解 OKR 的？

答：2018 年，吴海泉开始担任我们电子商务平台的总经理，可以说是他将 OKR 引入美的的。我们都学习了他推荐的克里斯蒂娜·沃特克的《OKR 工作法》这本书。吴总强调公司核心目标和阶段目标的重要性，驱动员工在自身岗位上围绕核心目标制订工作计划。

问：请问你们使用 OKR 工具后取得了怎样的效果？

答：过去我们的工作围绕 KPI 进行，而 KPI 依托于过往数据的积累。但我们的工作处于一个高增速的新模式，在国家政策和宏观市场变化大时就无法用 KPI 来预测和指导战略重点了。整个市场环境正处于激烈的变化中，2020 年以前，电商业务仅占家电销售的 20%~30%，后来稳定在 45% 左右。

举一个具体的例子，电商需要 2~3 个月才能设定 2 万 ~3 万人的目标人群包，这其中的每一步都是非常专业的工作，主图、文案描述等每一个细节都需要完全站在消费者的角度来思考。如果使用 KPI 的管理方法，高层可能过多干预具体工作，反而造成失误。工作标准不应该来自事业部的领导，而应来自具体工作的小组。每个小组都应该知道评价体系分为哪些维度，以及什么是正确的方向。从这个角度来说，OKR 显然是更合适的管理工具，它既不预设性地干涉太多细节，又能帮助我们"坚持做对的事情"。

2018 年初，电商业务中对的事情就是"提高用户体验"。当时我们刚实行 OKR，对 OKR 的很多理解还比较模糊，现在看起来目标比较保守。2018 年末，我们充分理解了集团是结果考核，但是事业部可以有自己的弹性缓冲空间。在这个空间内，我们被允许犯错，可以基于错误反推原因，共同承担成长的代价。通过这样大胆的理解，总部给我们定下的目标是实现 40% 的增长，而我们实际实现了 54% 的增长，获得了集团优秀奖。

我们深刻体会到"成功的核心不是定多少 KPI 动作"，过多的细节考核反而限制了增长的潜力。我们部门在 2019 年已经形成了一种坚定的信念：围绕客户做对的事情。从客户和公司两个维度来看，什么是对的事情？站在长期主义的视角，从未来看现在。

2020 年，我们事业部领导承诺，下级可以摆脱集团施加的一些压力。比如和供应商的合作从账期改成分润，这不符合公司的整体政策，但我们坚持"做对的事情"，用新的模式顶住机制的压力。这么做压力是很大的，如果业绩不好会被替代，但是我们决定坚持初心。难的事情和对的事情往往是同一件事、同一个实现路径。我们收获了很好的成绩，我觉得这是一次企业组织文化的胜利，也是一次企业管理改革的胜利。

问：对于 OKR 的执行取得的良好成果，您有什么经验？

答：我们经常做这方面的总结讨论。在坚持初心的基础上注重关键行动的设计。

具体来说，O 是大目标的分解，即获取更大的市场份额，而 KR 是拿下"入口品"，那么关键的动作是什么？在冰箱 1000 亿元的市场总量中，我们的销售额如何从 5 亿元提升到 8 亿元？

首先要确认 KA（Key Action，关键行动）的内在动力是否真实。围绕 KA，我们每个月都要审查是否为行动匹配了合适的资源，有没有针对不断变化的环境及时调整。我们这么做取得了大大超出预期的成绩。比如，我们平时一个月的销量是 7 亿 ~8 亿元，2021 年仅"6·18"购物节我们就一举将销售额从 10 亿元提高到 14 亿元。

取得成绩时归因于外部支持，发生问题时积极探索内因。

集团给我们定的是复杂的 KPI 指标，我们经常在综合指标上能够拿第一，但在单项指标上还有很多问题。站在价值评判的高度，如果评价体系来自外部，我们的情绪反应和应对行为就会波动很大；如果评价体系来自内部，整体的获得感就会变强。

例如，客服不要因为得到客户的表扬就认为是自己的功劳，要看到体系化的配合、平台的作用，提炼出自己的不可替代性；

那么，反过来客服也不要因为客户批评而否定自己的不可替代性。

这种评判体系的建立，需要将核心目标与内在动机、关键动作、内因挖掘等紧密结合才行。

沟通的"外圆内方"法则。电商工作的从业门槛很高，内部的行为标准基于我们自己编制的电商白皮书（电商运营基本法则），使用时为了保障高效运行，在沟通时不可避免地会用到带有一定攻击性的言语，这经常会让线下团队感到被挑战。与线下团队的沟通要讲求一个"圆"字，时常站在他们的角度理解现状产生的原因，并设身处地理解他们的感受。

"方"代表追求卓越的技术能力和成效。内部沟通要尽量提高效率，肯定有棱角。因此概括起来，我们要求员工和外部合作产生冲突时要有适应心和容忍心，通过圆融的方式感染更多的人，做到既能坚持主见，又能包容别人。

问：那么您认为 OKR 最大的价值是什么呢？

答：我们可以通过 OKR 来影响企业的组织文化和价值观。销售企业没有终局，终局就是起点。每个人都要快走两步，自主地探索自身专业领域的先进做法，并匹配组织前进的大目标。

OKR 的运用需要领导者具备很强的耐性，他需要和团队一同搭建整个构架，要花很长的时间共同制定 OKR。我们基本上制定一次 OKR 需要两天半，O 比较简单，拆解也容易，但是要让团队全面认可就不容易了。我们要拆解前导因素，哪些是确定的，哪些是不确定的。把确定的做好是应该的，把不确定的做好就是优秀，要保持增量思维。领导需要承诺当外部条件不达标时，他会第一时间进行协调；如果条件实在不成熟，允许适当降低考核标准。

我们部门 OKR 的使用得到了集团的大力支持。美的集团董事长方洪波经常说："你如果不能自己改变自己，也别期望别人改变你。"可以把我们冰箱电商部门看成一个试点，目前整个内销事业部的战略 OKR 会议和冰箱电商部门的已经越来越像了，并且我们电商冰箱部门的运营团队开始接整个集团的运营任务，这意味着我们部门还拥有了新的业务增长能力。

问：对于 OKR 执行过程中的监督和风控您怎么看？

答：我觉得组织还不太大的时候，最重要的风控就是对人才的挑选。我们需要有强大的责任心和学习自驱力的人才，先选人再做事是基本原则。一旦在组织中发现反面的事件，就需要及时阻止并作为负面典型做反向输出。关于避免一些销售工作中的恶性事件，我认为建立规则固然重要，但是企业文化更重要。

问：能否分享一些由 OKR 引发的组织内部沟通的变化？

答：我觉得领导者积极用好社交网络工具非常重要，千万不要让员工在汇报时感到有压力，要让员工觉得和领导者的交流不是汇报，而是探讨。

我们对内的沟通都是很直接的，80% 的沟通群里都有领导者，扁平化是我们追求的组织形式。当领导者看到下级绩效差时，他可以直接在交流群里检查员工动作。领导者发现问题并不是为了责难员工，而是相信员工只是一时疏忽，没有发现一些细节问题。大家的目标是统一的，要把关键行为 KA 做好，过程是否正确挺重要的，反而结果有不可控性。

领导者需要培养社交网络的触感，也就是过滤复杂信息的敏感性。反对官僚主义作风、深入群众是领导者的基本素质。

问：在落地 OKR 的过程中发生过什么冲突事件吗？

答：我对我的员工有一条重要的原则性要求：出现重大问题时要及时汇报，大家一起想办法解决问题。如果延迟或隐瞒，就违背了组织的价值观，需要受到严惩。

虽然美的集团的企业文化在人才要求方面是很严格的，保持了较高的淘汰率，但我们部门从 2018 年至今并没有淘汰员工。2022 年初，我给一个员工的绩效打了 D，当事人非常不满，找我理论："KPI 都完成了，为什么绩效是 D？" 我说我曾经多次提醒他，想证明自己可以，但不能干违反原则的事，不能违背企业文化。他对下级员工强调等级压制，没有按照"讲真话、平等沟通、互帮互助"的原则进行沟通和管理，在错误的道路上越走越远，并且我屡次提醒他都不听，这就是对企业文化的不接受。我认为有效的评价体系是"正确的路 × 速度"。遇到困难时，领导者对下属团队进行强压是完全没有道理的。这肯定不是一条正确的路。

打仗的时候，实现目标与人员等级没关系。领导者如果没有专业能力，那么就要撬动专业能力。他需要站在员工的角度思考，通过"个人目标""组织未来的发展机会"等多重因素去影响员工，挖掘他的潜力。而反过来说，我们在挑选干部时最看重责任心。干部是否以身作则、全力以赴，对于鼓舞团队士气十分重要。

问：能否分享一些 OKR 的执行工具？

答：我们的组织目前还比较小，主要是基于 SMART 原则（Specific，具体的；Measurable，可量化的；Attainable，可达成的；Relevant，相关的；Time-bound，有时间限制的）设计了一些表格，用来跟踪、复盘所有的关键行动。

在一个大组织中，我相信采取数字化措施还是需要一个复杂的流程的，包含"基础组织数字化""客户人群数字化""运营指标数字化"和"结果数字化"等多个方面。

本篇金句

领导者需要培养社交网络的触感，也就是过滤复杂信息的敏感性。反对官僚主义作风、深入群众是领导者的基本素质。

——美的电商冰箱事业部高管　汪德峰（化名）

案例 5 反思与延伸思考：
如何领导"Z 世代"员工

进入 2023 年，最年长的一批"Z 世代"已经 28 岁了，这就意味着他们即将成为"打工一族"的主力新生力量。

统计数据显示，中国"Z 世代"人数为 2.64 亿，占全国总人口的五分之一。而在"Z 世代"身上也贴着多变的标签：一边当着"打工人"，一边又"一言不合就炒老板"……这不仅让职场和企业管理者有些摸不着头脑，就连他们自己有时也想不通。

实施 OKR 的最重要的目的是凝聚起所有员工，树立共同目标。这就要求企业能够用内部广泛认可的共同目标来引导不同的员工齐心协力，把代际差异冲突转变为互相补充的优势。大家劲往一处使，才能让公司这艘大船开得又快又稳。

概括来讲，"Z 世代"具有更强的成就导向，更看重内心的满足和自主权，因此与 OKR 的契合度比年长的员工更高。在选择理想的工作时，"Z 世代"往往更看重工作与生活的平衡、舒适的工作环境、晋升的机会，会对公司有着较高的道德期待。这与他们成长过程中经济更发达、社会更公平、整体受教育程度更高有关。同时，他们也更自信，更希望在工作中被尊重、被倾听，崇尚团队精神。这对企业的领导者提出了考验，只有当领导者真正打开心扉，学会积极了解年轻员工真正的努力方向和感兴趣的目标，才能真正实现有效的目标构建和落地沟通。

此外，"Z 世代"也更加热爱自由，他们认为实现自我价值也不只有本职工作这一个途径，在生活中同样也能实现自我价值。所以，他们希望平衡工作和生活，希望能够有更多的时间在本职工作外追求自己的爱好，比如参加志愿活动、当 UP 主、说脱口秀……这些都是他们实现自我价值的方式。因此前面提到的考验背后还包含着对领导者"心胸开阔"的要求，很大的可能是年轻员工提出的真实目标和实现轨迹远远超出了领导者的预期，此时如何能够控制好自身情绪、保持积极倾听的能力，实际上是一个很现实的挑战。

与"70 后""80 后"相比，"Z 世代"对组织中权力分配的不平等接受度更低，他们在职场中更加追求尊重和平等，不希望领导者高高在上地发号施令，而是希望领导者更多地充当辅导者、培养者和支持者的角色，帮助和激励他们完成工作。有效的激励一方面是物质，另一方面是认可。他们希望自己做的事能被公司看见，而不是做一颗默默耕耘的"螺丝钉"。比如，在表彰优秀员工时，如果公司 CEO 亲自走到每一个获奖员工的工位上给他们颁奖，还给他们每人剪辑出一段 15 秒的小视频，满足他们发朋友圈的需求，那么很有可能比发放奖金更能获得年轻员工的好评。

　　最后概括起来讲，要赢得"Z 世代"的认同，关键在于三观的一致和气场的契合。这要求看似简单，却是一个系统工程，从员工招聘、入职培训，到岗位设置、激励模式，需要做全方位的调整。最关键的是企业的管理层自上到下需要不断"自我修炼"，扩大"心量"，不断走出习惯的舒适地带，用新鲜的表达方式热烈地表达观点、目标和对年轻人的期待。

案例资料 6

得道多助：管理是挖掘人性，经营人心

——泡泡玛特创始人如何用 OKR 激发员工的内驱力

公司背景

泡泡玛特（POP MART）成立于 2010 年。十多年来，围绕艺术家挖掘、IP 孵化运营、消费者触达和潮玩文化推广与培育四个领域，构建覆盖潮流玩具全产业链的综合运营平台。

截至 2020 年 6 月 30 日，泡泡玛特共运营了 93 个 IP，包括 12 个自有 IP、25 个独家 IP 和 56 个非独家 IP。泡泡玛特与超过 350 位艺术家保持紧密合作关系，并通过授权或合作与其中 25 位才华横溢的海外艺术家开展合作。2020 年，泡泡玛特举办的上海国际潮玩展共吸引了超过 300 位艺术家的参与。

2020 年 12 月 11 日，泡泡玛特国际集团有限公司在港股挂牌上市。

2022 年，泡泡玛特投资 HitCard，后者系卡牌潮流品牌。

2022 年 4 月，优衣库宣布携手泡泡玛特推出联名系列 UT。

采访对象

泡泡玛特创始人　王宁

泡泡玛特 COO　司德

泡泡玛特零售业务副总裁　邵运杰

采访纪要

问：请问泡泡玛特的愿景是什么？

答：成为伟大的企业，打造令人尊敬的品牌。

在我们公司，以下这些都是顶层级别的大目标：

（1）成为最好的技术驱动型玩具公司。这个目标要求我们在"玩具制造技术""需求洞察技术"和"与消费者互动技术"等方面领先。

（2）成为最受消费者喜爱的玩具公司。这个目标要求我们为消费者提供良好的体验感，满足消费者的情感需求，超出消费者的预期。

（3）对 IP 的理解和运用能力在业界领先。

问：请问贵司是何时开始使用 OKR 的？

答：我们从 2020 年第二季度开始使用 OKR，但很早之前就进行了调研。我们发现，虽然很多公司都在用 OKR，但都把它当成 KPI 来用，或者连 OKR 和 KPI 的基本理念都有所混淆。我们基于自己的研究，在公司原有的 OA 系统基础上开发了专门的 OKR 系统。

问：请介绍一下泡泡玛特的特点。

答：泡泡玛特在细分领域扎根很深。和其他互联网公司不同，我们有大量直营一线员工。有些部门（比如公关部门）不能设置 KPI，适合使用 OKR。但零售基层店员、店长不适合用 OKR，基层主管可以参考但不建议用 OKR 来考核。大区经理可能就需要 OKR 了。

问：OKR 对员工提出了什么素质要求吗？

答：职能和文化水平决定了是否适合使用 OKR，使用 OKR 需要一定的理解能力。OKR 强调三点：潜力，同盟感，对 OKR 的认知能力（包括目标的拆解、跨部门的协同等）。在实践中，KPI 和 OKR 需要动态调配，单纯使用 KPI 会让地区经理产生孤立感、背离感；OKR 需要三个月到半年刷新同步一次。

问：请问贵司如何理解 OKR 和 KPI 的关系？

答：互联网企业讲究降维打击。站在管理角度，"数字"是低维，"文字"是高维，未来可能有更高维的管理工具。类似泡泡玛特这样的企业，需要借助 KPI 和 OKR 的综合体来开展管理。职能越偏管理端，企业就越重 OKR；职能越偏执行端，企业就越重 KPI。但企业仍然需要便捷的途径自下而上反馈问题。

问：您是否认为 OKR 有利于基层员工贡献创新的点子？

答：基层员工有良好的创意不应该等到实施 OKR 再主动和

上级交流，OKR 的重要价值之一是把销售之外的部门的目标对齐，特别是能够在很短的时间内对齐各部门的目标。除此之外，它还有一个明显的好处，就是能让每个人主动花一点时间进行阶段性的自省思考。

OKR 对于个人的内驱力提出了很高的要求，所以不见得适合每个人。如果创业团队内驱力强，那就可以用，但是有些团队可能会用成 KPI，逐渐流于形式。我们公司目前也并不是每个中层管理者都能做到定期的 OKR 深度自检，比如有的团队有 30 个人左右，团队管理者可能只要求部分人根据职能属性提交 OKR 的阶段性考核。

问：还有哪些对 OKR 的价值思考可以分享给大家？

答：如果不能解决新的问题，那么 OKR 只是一个时髦词。内驱力不是靠 OKR 来激发的，激发一个人的动力是一件复杂的事，有时可能 KPI 更有效。目标管理和 OKR 没有本质区别，可能每个人都用 OKR 这个工具，更有助于明确目标。

最近 OKR 比较受关注，可能是企业管理需要的思考更深了。OKR 在 KPI 的基础上提供了一些新的管理维度。我们不是特别信奉某个工具的作用，对我们而言，OKR 只是工具或者过程，不是目的。

问：请问还有哪些激励"95 后"员工的建议？

答：2015 年以前企业经营的重点是"货"，2015—2020 年企业经营的重点是"人"，未来企业经营的重点是"兴趣"。"兴趣"的"识别""创造""运营"将会成为激励年轻员工的核心工作。

问：请问贵司如何看待员工的综合素质？

答：综合素质的核心包括：

（1）与生俱来的热爱。

（2）通过钻研获得的专业度，也就是"懂行"。

（3）商业化的深度思考，这可以通过进入商学院学习来提升。

不久前，我们公司进行了人才盘点，结果非常符合"百里挑一"的规律：1200 个人中，大约只有 12 个人有比较完备的综合素质。

本篇金句

单纯使用 KPI 会让地区经理产生孤立感、背离感。

——泡泡玛特创始人　王宁

2015 年以前企业经营的重点是"货"，2015—2020 年企业经营的重点是"人"，未来企业经营的重点是"兴趣"。

——泡泡玛特创始人　王宁

案例 6 反思与延伸思考：
如何激发员工的内驱力

如果你在网上搜索 OKR 的相关资料，经常会发现以下三个概念被牢牢绑定在一起："绩效管理变革""OKR""激发员工内驱力"。然而仔细查阅后你会发现真正详细解释三者之间内在关系的资料却很少。显然，这一方面彰显了中国 OKR 实践者的美好期望，希望利用 OKR 来激发员工的内驱力，实现绩效管理的变革；另一方面昭示了这个联动并不是自然发生的，企业家和 OKR 的实践者需要思考清楚内在的逻辑链。

探究内驱力首先要暂时放下企业的"愿景、使命、价值观"，把所有重心聚焦到员工的内心。在激励领域，马斯洛需求层次模型（见下页图）似乎仍然是最权威的模型。1943 年美国心理学家亚伯拉罕·马斯洛（Abraham Maslow）在《人类激励理论》一文中提出，人们需要动力来实现某些需求，有些需求优先于其他需求。从层次结构的底部向上，需求分别为生理需求（Physiological Needs）、安全需求（Safety Needs）、归属需求（Love and Belonging）、尊重需求（Esteem）和自我实现（Self-actualization）五个阶段。这种五阶段模式可分为缺失性需求和成长性需求两类。生理需求和安全需求通常被称为缺失性需求，而余下的需求被称为成长性需求。

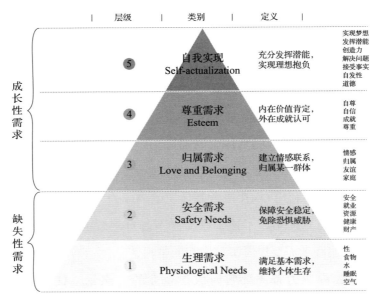

马斯洛需求层次模型

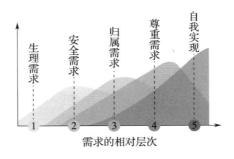

需求的相对层次

图来源：知乎"马斯洛需求层次论"词条。

2010 年，趋势专家、美国畅销书作家丹尼尔·平克（Daniel Pink）提出了"驱动力 3.0"（见下图）的概念，与驱动力 2.0 的核心价值观"顺从"不同，驱动力 3.0 的核心价值观是"自主"。驱动力 3.0 的核心在于自驱力，包括三个核心要素：自主、专精、目标。

图来源：知乎"驱动力 3.0"词条。

通过比较可以发现，两个金字塔有比较明显的逻辑连贯性。根据驱动力 3.0 的观点，对于从事脑力劳动的公司，实行严格的考勤制度并没有什么意义，产出有价值的结果、创造利润才是根本。员工的工作目标要略有挑战性，能够充分发挥员工自身的优势，或者满足个人兴趣。最好能让员工忘我地投入到工作中，和自我价值融合的同时还能取得成就。如果说驱动力 2.0 的核心在于"利益"最大化，那么驱动力 3.0 在不拒绝利益的同时，更强调的是工作价值的最大化，希望员工的工作是有意义、有价值的。

创造型的组织需要新的激励模式，平克称之为驱动力 3.0。企业需要营造能够满足各种心理需求的环境，让员工在舒适自由的环境中工作，常见的弹性工作制和合理的远程工作选择显然是基本的要求，另外企业还要悉心经营团建活动，鼓励员工开展个人项目来提升组织潜在的创造力。

在这个领域比较有名的是谷歌的 20% 自由工作时间制度，随着企业规模的扩大，实际上谷歌的这项制度也发生了变化。一方面因为外部压力，有不少评论家认为谷歌的 20% 自由时间是基于员工完成基本绩效的，也就是以 100%+20% 的方式让员工免费加班；另一方面在员工数以"万"计的巨型公司中，没有边界的自由会造成人力和物力的浪费，谷歌员工手头的工作已经足够有挑战性，此时分散精力去做其他的项目，很有可能落得"两头空"的境地，对个人发展也不一定有利。目前谷歌的员工还是有机会获得 20% 的自由时间的，但需要通过内部的审批流程，而不同岗位和项目组的审批通过率也有差异。

概括来说，企业需要首先调整管理者的心态，在评定自身企业的发展阶段和行业属性的基础上，调整工时制度和考评方式等多个组织属性以"适当"地激发或者说释放员工的内驱力；而激发的方式有时候是需要"花心思""有创意"的，前面提到的"仪式感"和"与 Z 世代沟通的方式"与其说是管理技术，不如说是一门人力资源领域的艺术。之后，OKR 就可以隆重登场了，它是一个与上述基础非常匹配的管理跟踪工具，甚至可以被理解为一个天然的"个人项目"审批机制。也就是先有"绩效管理变革"，然后有"员工内驱力激发"，再有"OKR 的有效跟踪"。从另一个角度讲，OKR 的实施可以被理解为一个契机，在准备阶段企业就需要有条不紊地做足激发员工内驱力的功课，在合适的时间以统一"仪式感"的方式突出变革的效果。

在泡泡玛特的案例中一个重要的创新点是提出了"企业经营重点 3.0"，1.0 是"货"，2.0 是"人"，3.0 是"兴趣"。这个重点显然突破了企业内外的认知屏障，无论是对内的产品设计、员工激励还是对外的市场营销、客户互动，"兴趣"就是一把万能钥匙。从吸引眼球，到激发快感，再到鼓励坚持付出，"兴趣"似乎身披"后消费主义时代"的主角光环，脚踩祥云，从天而降。

一方面，在移动互联网时代我们经常能体会兴趣"不由自主地被激发"，另一方面，不同的兴趣塑造不同的个性品质，对于兴趣的坚持还可能产生超越自我的信心。因此可以说专注于"兴趣"这个课题，我们有机会设计出"内驱力 4.0"，从"自主"进化为"为爱（兴趣）而忘我臣服"。在后续的案例探索和理论研究中，我们还将不断深入探索这个课题。

OKR

OKR 利器 3:
自知 / OKR 管理者 "自查手册"

工具关键词: "知己"

管理关键词: 管理者个体属性(CoM, Characteristic of Manager)

工具逻辑(管理学学术假设):

(1)管理者是管理信息"接收、处理、传递"的载体。

(2)管理者的个性会直接影响管理信息的处理方式,而管理信息的处理方式的差异会体现为管理方式的不同。

(3)管理者有必要了解自己,进而了解自己在管理中体现的个人属性。

管理大师彼得·德鲁克（Peter Drucker）曾指出："管理的本质是人，不是权力。"管理的每一项成就都是管理者的功劳，每一次失败都是管理者的责任。

管理者是否"知己知彼"，很大程度上决定了组织的管理水平。OKR 利器管理者"自查手册"的作用，就是帮助管理者在进行管理之前，先了解自身的管理者属性。管理者"自查手册"分为两个部分：管理性格认知与自问清单。

在对美图的 OKR 访谈中，他们提出了一个有趣的角色："OKR 操盘手"。说这个角色有趣的原因在于，OKR 本身是一个强调参与、自愿沟通的工具，而操盘手听起来像是一个"监督你是否自愿"的岗位。在深入了解后，我们觉得"OKR 操盘手"的角色设计得非常巧妙，他的存在提供了一个管理变革的缓冲带：首先，这个角色会检查大家在出发前是否信息完备；其次，他会关注在前行过程中大家的是否速度统一；最后，他会带领大家复盘结果，把控进度。

在针对这个岗位的深入探讨中，我们提出问题：哪种性格的管理者适合这个岗位？结论是，需要看这个岗位最主要的职责是加强沟通还是确保结果。我们的思考并没有止步于此，我们进而提出了"管理性格认知"的概念。

管理性格认知

为了帮助读者理解"管理性格认知"的概念，我们将"管理"的定义简化为"一个信息接收与决策的过程"，并将管理者置于这个信息流中。因此，不同的性格表现将决定他们"接收、处理与传递"三个层面的行为差异。基于这三个层面，我们搭建了"管理性格认知"的基本维度。

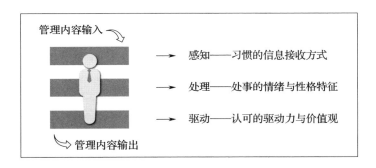

第一个维度（感知——习惯的信息接收方式）

阅读型（Reading）：善于阅读文字；更容易理解数字图表；对于静态的信息有更强的感知力。

感受型（Perceiving）：善于沟通；更容易被情绪化信息感染；善于聆听与共情。

第二个维度（处理——处事的情绪与性格特征）

顺应型（Responding）：在处理管理问题时，更倾向于维持团队的和谐；顺势而为，避免冲突；在"人"与"事"之间，以人为主。

干预性（Participating）：凡事习惯亲力亲为，遇到问题主动干预，积极影响结果走向；在"人"与"事"之间，以事为主。

第三个维度（驱动——认可的驱动力与价值观）

结果型（Resulting）：结果驱动，习惯将及时反馈与短期目标设置为驱动力；相对理性，对物质化绩效工具的使用更频繁。

愿景型（Promising）：愿景驱动，乐于谈论更宏伟的未来长期目标；相对的理想主义者，有较为长期的管理理念。

扫一扫右侧的
二维码，可以进行
管理者自查测试。

管理者自查测试

八种类型管理性格分析

PPP ——马型管理者

感知：感受型（Perceiving）

处理：干预型（Participating）

驱动：愿景型（Promising）

综合特征：注重直接沟通，需要及时反馈；希望和而同，注重大目标。愿景导向型领导者。PPP 作为管理者时，更阳光积极；在回答关于"满足客户需求与创造客户需求哪个更重要"的问题时，他们一定会回答"创造客户需求"。他们喜欢谈OKR，却又希望下属一定要完成 KPI。PPP 作为被管理者时，很容易共情；一旦他们认可企业与领导者，会非常积极地参与到整个管理链条中。

这一类型的管理者最需要注意的是"理解力"的搭建，包括提升对于事物的理解能力、建立足够的知识储备。有，则是"骏马"；否则，容易成为"疯马"。

RRR ——金牛型管理者

感知：阅读型（Reading）

处理：顺应型（Responding）

驱动：结果型（Resulting）

综合特征：重视理性理解，不喜欢直接沟通；包容且努力，结果导向。RRR 型管理者是完成既定工作的一把好手，他们相对冷静、包容。"满足客户需求"是他们的信念。同时，重视结果的他们，也会更容易接受 KPI 的工作方式。管理 RRR 时，不要过于情绪化；直接短平快地下达任务，条理清楚尤为重要。在 OKR 例会上，相较其他类型，RRR 型管理者不太愿意提出并坚持自身意见。但是他们掌握场上局面、把控结果的能力非常强。在要求他们积极创新前，需要给他们足够明确的方向与文本信息。

这一类型的管理者最需要注意的是如何"稳中求进"。OKR对于他们更像是直接分配任务，而非提供一个机会。

RRP——卧龙型管理者

感知：阅读型（Reading）

处理：顺应型（Responding）

驱动：愿景型（Promising）

综合特征：相对封闭型的结果导向管理者，冷静客观。RRP型管理者是谨慎乐观的一群人。他们很多时候愿意为团队牺牲个人利益，工作的动力更多来自信念感而非即时的奖励。管理RRP时，需要给予他们足够的荣誉：这个荣誉不应该是口头的，不应该是一个来自领导者的"拥抱"，而应是有排名感的荣誉，比如"企业文化价值观标兵"，是一份能让他们站在团队面前接受的、与众不同的荣誉。

这一类型的管理者最需要注意的是如何"给予正确的激励"。聪明机智的"卧龙"更愿意隐藏自己，是 OKR 的最佳接受者，用他们来做 OKR 操盘手是很合适的选择。

PPR——凤凰型管理者

感知：感受型（Perceiving）

处理：干预型（Participating）

驱动：结果型（Resulting）

综合特征：积极主动的结果导向型管理者。他们追求实干，无论是面子还是里子，都要做得漂亮。PPR 型管理者在一个团队中是最容易被发现的，他们需要发言、需要参与、需要奖励。对于 PPR 型管理者来说，KPI 依旧重要，OKR 可以成为 KPI 执行中的手段与推动力。管理 PPR 时需要注意，一方面要给他们充分的、可施展的舞台，另一方面要明确列出工作的需求与结果。以 OKR 操盘手为例，RRP 型管理者在做操盘手时会更注重一线员工的参与和信息的上报，而 PPR 型管理者会更注重集中意识与规则的下达。

这一类型的管理者最需要注意的是"交流"时不要急于释放自己的感情与情绪工具，要多听对方的话；做事时不要热情有余、理性不足。

RPR——猎豹型管理者

感知：阅读型（Reading）

处理：干预型（Participating）

驱动：结果型（Resulting）

综合特征：冷静客观，结果导向，在个别问题上会据理力争。RPR 型管理者能力普遍很强，一部分人甚至崇尚"精英主义"。这样的管理者偶尔会让团队成员觉得不近人情。管理 RPR

时，需要注意给他们规则而非指导。他们可以很好地完成 OKR 的 KR 部分，只要 O 足够清楚、有条理。

这一类型的管理者最需要注意的是"共情"。有时需要停下来等等团队，不能一个人跑在前面。要给下属犯错的机会，而不是遇事一急躁就自己上手都完成了，要有团队意识。

PRP——喜鹊型管理者

感知：感受型（Perceiving）

处理：顺应型（Responding）

驱动：愿景型（Promising）

综合特征：乐观积极，是团队中的黏合剂。PRP 类型的管理者很讨员工喜欢，他们容易共情、容易感受，并且可以换一个角度解决问题。他们是 OKR 中适合制定 O 的人选。管理 PRP 时，需要明白他们在团队中发挥的作用。他们不是抗压力、出业绩的人；而需要理性地向他们施压，还要注意激励手段。同时，他们需要明确知道自己被赋予某项权利后才会积极牵头。他们就是课堂上不点名不举手，被叫起来却回答得很出色的学生。

这一类型的管理者最需要注意的是"扎实感"与"自律"。一旦这两点做到了，喜鹊将是优于凤凰的存在；但如果做不到，喜鹊只会鸣叫。

PRR——忠犬型管理者

感知：感受型（Perceiving）

处理：顺应型（Responding）

驱动：结果型（Resulting）

综合特征：规避冲突，喜欢沟通；结果导向型领导者。PRR型管理者往往是非常好的“完成者”（Finisher）。他们对于信息的理解很出色，执行力强，是一个成功团队中必不可少的角色。管理 PRR 的时候，需要注意帮助他们舒缓压力，协助其制定阶段目标，进而达成更大的目标。

这一类型的管理者最需要注意的是“愿景感”。PRR 型管理者的执行力不容置疑，但是有时容易舍本逐末，忽视更大的目标。OKR 可以很好地帮助他们将小目标与大目标连接起来。

RRP——白羊型管理者

感知：阅读型（Reading）

处理：顺应型（Responding）

驱动：愿景型（Promising）

综合特征：乐观，冷静；与人为善，不喜争夺。RRP 型管理者往往像妈妈一样，温暖有力量。在企业面临困境时，他们会帮助企业渡过难关。在管理 RRP 时，要注意设置合适的岗位，最好把他们放在没有人员关系冲突的环境中，以便他们更好地发挥才干。他们具有良好的团队精神。团队需要他们。

这一类型的管理者最需要注意的是"自我认同"；在他们的个人目标的设立与执行遭遇困境的时刻，需要有人协助他们突破瓶颈。

管理者"自问清单"

在了解自身企业的状况前，不要急于回答任何一个问题。"汝之熊掌，吾之砒霜"的案例已经屡见不鲜。每当有新管理工具流行时，大批企业尤其是其中的高层管理者如获至宝。成功者应用新理论，感慨自己有先见之明；失败者错过"新大陆"，叹一声相见恨晚。但比起工具，更重要的是了解自己。

在访谈中，我们发现并非所有的管理决策都是在分析环境与知晓因果的条件下做出的。诚然，我们无法绝对理性客观，通晓一切，有些诸如"未来会怎么样"的问题，注定很难有明确答案。

但对于一些根本问题，如果管理者搞不清楚的话，那做出的管理决策会是混乱不清的。基于此，我们提出了管理者"自问清单"。我们相信，认真思考并尝试回答这些问题，对于管理者来说会是一个很好的自省过程。

管理者自问："我是谁？"

（1）我希望自己是一个领导者还是管理者？

问题指向：针对自我定位，希望自己是一个定方向的人，还是一个给方法的人，抑或只是一个过渡的安稳角色？这样的定位将直接反映在你选择的管理工具中。

（2）在管理中，我相信科学方法和过往经验，还是相信人定胜天、纪录只是用来打破的？

问题指向：这不单是一个乐观与悲观的问题，更是一个谈论你合适哪种管理工具的问题。KPI 是方法论，是经验主义和数据化的工具。OKR 是目标导向，是往前看、想要突破现状的工具。如果你的管理哲学与工具不匹配，结果自然不会达到预期。

（3）通过管理，我希望得到什么？

问题指向：其实很多管理者并不清楚这个问题的答案，履行管理职能更像是一种"岗位惯性"。我们可以用马斯洛需求层次模型来自问，如果思来想去，我们没有比"经济利益"更大的需求，那么 OKR 的存在就是服务于 KPI 的。

（4）我的自我管理情况如何？我是否可以在管理中以身作则？

问题指向：这个问题体现了管理者与被管理者的"心理距离"。自我管理做得较好的领导，更容易打动下属。因此，他们可以适当地缩短"心理距离"，更民主、更以 OKR 为导向；而无法做到这点时，就需要保持一定的"管理距离"，用标准化的工具隔开管理者与被管理者。

管理者自问："我在管理什么？"

（1）我在管理的是什么？一个团队、一个项目还是一笔资金？

问题指向：团队管理意味着需要将更多的人员因素考虑进来。而项目管理更侧重的是目标与流程的关系。资金管理的底层逻辑是收益与风险管理。厘清管理对象是管理的前提。

（2）如果管理的是一个团队，那么目前最需要管理的是哪个方面？是需要促进团队人员之间的顺畅沟通吗？是团队中急需整体目标的设立吗？是团队整体的进度差，KPI 完成度低，需要及时把控吗？是突发情况频发，需要更完善的应急制度吗？

问题指向：在团队管理中，涉及众多复杂情况，包括目前团队处在哪个阶段，需要如何管理等。

（3）如果团队中来了一个新人，你认为管理者最需要在哪些方面帮助他？

问题指向：当管理作用在一个个体上的时候，就像武术高手在发招，穴位、力道，无一不讲究。对方需要正向的激励，还是合适的绩效规则？抑或对方有足够的能力，只是需要充分的授权？需要让对方全盘接受内部的流程规则与标准吗？你是否觉得这一切都是因人而异的？

管理者自问："我的管理目标是什么？"

（1）我的管理目标是什么？

问题指向：这个问题的答案会比较具体，需要你给出一个更为"SMART"的目标（SMART 原则是指高质量目标的五个标准：S 为 Specific，具体的；M 为 Measurable，可量化的；A 为 Attainable，可达成的；R 为 Relevant，相关的；T 为 Time-bound，有时间限制的）。比如，当你的管理成功是由工资与分红回报定义的时候，你可以给出一个你希望获得的收入目标，借此来指导你的管理；再比如，当你认同你服务的企业的愿景、使命和价值观时，你的管理是希望协助其完成该目标；再或者，当你最关注的是你所在团队中每个人的目标时，你对自身的定位便是帮助他们。

（2）我认为哪个目标是最重要的？

问题指向：相信很多管理者的回答是："我希望可以同时达成所有人的目标。""我希望可以调动团队里每个人的积极性，帮助公司达标，然后获得自己应得的分红。"这些想法本身没有问题，但需要极强的管理智慧以及非常稳定的外部环境。一般情况下，管理者面临的抉择都是两难的。

管理者自问："我在管理中最大的成本是什么？"

（1）管理是我的本职工作吗？我在工作中，用于管理的精力占多少？

问题指向：认识自身管理工作的比例，了解每个岗位的核心职能是什么，分清用于各项工作的精力分配。

（2）如果我的管理水平不到位，有可能造成的最大影响是什么？

问题指向：这些影响便是你开展管理工作的成本。

案例资料 7

众行致远：OKR 是 "体现工作价值的工具"
——美团高管对 OKR 的高维认知

公司背景

美团的使命是 "帮大家吃得更好，生活更好"。创始人王兴将 "共同富裕" 刻进美团的基因里。作为中国领先的生活服务电子商务平台，公司拥有大众点评、美团外卖等消费者熟知的 App，服务范围涵盖餐饮、外卖、生鲜零售、打车、共享单车、酒店旅游、电影、休闲娱乐等 200 多个品类，业务覆盖全国 2800 个县区市。当前，美团聚焦美食平台，以 "吃" 为核心，建设生活服务业从需求侧到供给侧的多层次科技服务平台。

美团买菜是由美团小象事业部推出的一项生鲜零售业务。美团买菜为 "App 端 + 便民服务站" 模式，服务范围内的社区居民可以通过手机 App 下单选购食材。美团买菜将通过在社区设立的集仓储、分拣、配送于一体的便民服务站，为社区居民送菜到家。

美团买菜以 "生鲜电商" 和 "社区化服务" 为切入口，其经营品类较为聚焦，主要为新鲜蔬菜、水果、肉禽蛋、米面粮油、水产海鲜等一日三餐所需食材。美团买菜 App 的介绍显示，其将主打"层层严选的品质商品、高竞争力的价格、准时快捷的配送体验"。测试期间，其可实现最快 30 分钟配送上门服务。

采访对象

美团资深高管　张曙望（化名）

美团买菜高管　王山岳（化名）

美团资深高管张曙望采访纪要

问：请问贵司的使命和愿景是什么？

答：我们的愿景是"把世界送到消费者手中"，我们的使命是"帮大家吃得更好，生活更好"。

问：请问贵司从何时开始讨论、推广 OKR？

答：公司从 2018 年开始系统设计并于 2020 年开始使用 OKR 系统，2021 年对系统进行了升级。

问：请问贵司 OKR 的相关事务由哪个部门负责呢？

答：CEP（公司事务平台）在普遍性调研的基础上做系统开发，部门自主选择是否使用。顶层 S-team 希望自下而上了解情况，M1—M4 中的 M2、M3 可以决定所在部门是否使用 OKR。

公司目前共有员工 9 万多人，间接人力资源有几百万人，其中 OKR 仅限于内部员工使用，非员工使用加盟商系统、骑手系统等。

问：请问贵司实施 OKR 的原因是什么？

答：我们实施 OKR 最大的期望是获取更清晰的信息和更及时的反馈。

问：你们在日常工作中如何使用 OKR 呢？

答：输入 O，工作流 KR 配合，链接到项目。OKR 作为阶段性工作记录，是工作日志的升级版。系统可导出结构化报表，服务于述职会议，提供证据性信息，并及时通知关联人。

举个例子：一个干部负责"合规工作"，以"提升某方面风控水平"作为目标（定性描述），通过会议确认后，他便可以确定阶段性 KR。通过 OKR 系统的公示，下属看到信息后将根据岗位职责发挥主观能动性，提出自身的 O，推进 KR 落地。

问：您如何理解 OKR 和 KPI 的关系？

答：OKR 的约束性比较弱，体现了个人对工作的思考，也包含了其与同事的交流，基本不影响绩效，但会影响述职会议和晋升。KPI 作为一个定量的工具，约束性比较强。

问：您认为什么样的企业需要实施 OKR？

答：当一个企业的业务线和管理层级开始变得复杂、难以达成共识时，就比较需要 OKR 了。

问：您认为 OKR 与企业主体业务的创新变革压力有何关系？

答：没有关系。

问：您认为 OKR 与员工的创新意识有何关系？

答：OKR 作为交流工具，与员工的工作主动性有关。当然它也有助于促进创新行为的发生，但这不是利用它的主要目的。

问：为了配套实施 OKR，贵司做了哪些企业组织构架上的调整？

答：没有。

问：您觉得企业文化与 OKR 的成功实施有什么必然联系吗？

答：没有。

问：贵司实施 OKR 之后有没有建立相应的风控体系？

答：没有，不需要。至于关联的述职报告（包含业绩、工作流程、思考、下一步方案等），会有一个由几十人组成的评审团来评估。评审团来自平级同事、领导和人力资源部的"一把手"。（注："一把手"拥有招聘否决权，负责监督日常管理如周报等工作，参加团建、升迁考评、协助升迁，同时相关员工的升迁也作为政委的工作成绩。员工有关于职业前景的想法时会和政委沟通，但与本职工作有关的内容还是主要和直接领导沟通。）

问：贵司实施 OKR 后是否引发了组织内部的沟通冲突？

答：没有什么冲突，因为公司规定员工不愿意用 OKR 的可以申请不用，公司不强迫。也有人用得比较消极，但多数员工普遍在工作中干劲很足，喜欢学习，不会有那么多消极的情况。公司的激励制度比较完善，有分红、有股票。大家普遍把 OKR 理解为"一个体现工作价值的工具"。

问：您觉得不同年龄的员工（或其他特征），对于实施 OKR 有影响吗？

答：不同的年龄、岗位差别不大。原本了解 OKR 的、能力强的就会用。能力强弱还是决定接受与否的关键。

问：您觉得 OKR 的实施有利于提升企业的核心竞争力吗？

答：二者没有什么直接关系。

问：您觉得公司未来进一步完善 OKR 的实施需要提前做哪些准备？

答：随着企业内部的广泛使用，OKR 系统能够更加方便地区别支持部门和业务部门的使用界面。业务部门对 OKR 的讨论很热烈，但业务部门和公司内部后勤部门的工作差异比较大，联系也不一定十分紧密，需要对系统进行差异设计，更加细化并贴近实际需求。

美团买菜高管王山岳采访纪要

问：请您简单自我介绍一下。

答：我在百度做了多年的专业技术工作，在小米做过综合技术工作，在美团没上市前到美团，实现了从技术工作到产品工作的转换，目前从事业务、数据的综合管理工作。回头来看，2C、2B，从流量经营到产品改造，我都做过。

问：请问您对 OKR 的印象是什么？

答：KPI 是直接的业绩目标，需要用资源去匹配实现。OKR 更多关注的是中长期的能力，除 KPI 之外的目标和组织能力的打造。

我觉得首先要做好一年一次的目标核查（OP1、OP2），高层管理者制定目标、盘点资源，并自上而下分配。设置 OP1、

OP2 的目的是核查目标和战略的关系。

一旦制定了目标，就需要建立经营体系。OKR 可以统一团队成员的想法，并衔接横向部门间需要协同落地的 KPI，团队根据协同结果去分解目标。

问：能否再分享一些你们团队运用 OKR 的具体方法？

答：我们以半年为一个周期，具体周期根据个人偏好可能略有调整。H1 和 H2 被称为半年目标，根据各自目标制定不同的 OKR，制定完以后定期核查。每个月做一次回顾，每个季度可能要做 OKR 的删减和变更。

制定 OKR 的前后，项目管理办公室（Project Management Office，PMO）跟进识别业务体系中的重点项目，每个月追踪重点项目，关注异动，保障资源。

问：您觉得 OKR 中的目标需要比当前实际能力高多少合适？

答：我们肯定希望 OKR 中的目标比实际能力高，但要评估高的程度，我们需要用到信心指数。如果纯粹关注希望目标达到多少，而不是现有资源能支撑怎样的目标实现，那么这样的目标设置是没有意义的。此处应该假设你的资源和协同部门都配合到位，那么目标应该是怎样的。依据这样的假设，罗列出需要配合的资源，以及实现目标需要哪些保障。

问：请问如何评定目标的优先级？

答：我会根据年度大目标的相关性，以及和业务策略的挂钩程度来安排优先级，安排 PMO 入场，系统地把工作协调好。有些目标是关联直接结果的，有些目标则是围绕支撑组织和机制能力的。

问：请问月度回顾是如何开展的？

答：月度回顾是比较严肃的，月底既要看 KPI，也要看核心能力建设。放在月报里，做进展描述，用红灯、黄灯、绿灯来描述状态：红灯一定要领导介入；黄灯由 PMO 专业识别，如果黄灯时间太长则会建议领导介入。月度回顾时，PMO 会公布重点项目的风险和进展。

问：季度的调整是怎么进行的呢？

答：季度删减是为了修正原来的判断。例如，原本我们认为很重要的目标，现在发现不重要，这个认知改变需要让大家知道。变更主要是为了体现机动性，O（目标）的输入会导致预算发生变更，由此产生系列联动，需要及时让大家知道。

一般我们不会增加全新的目标，但如果探索性业务发生巨大偏差，可能要讨论目标，重新做重大调整。成熟业务很少出现这种情况，技术项目更少，业务项目更多一些。例如，年初目标是打造多渠道的获客能力，结果外部监管环境发生了大的变化，那就必须重新考虑这个目标了。

问：您如何看待 OKR 和工作类型的关系？

答：首先，创新型工作适用 OKR，它需要自下而上、自发驱动；其次，能力建设型工作也适用 OKR，它是一种慢反馈周期的工作，和 OKR 的特征一致。

业务导向型工作需要快反馈，更适合用 KPI。那种业务目标特别明确，或者靠运营驱动的工作，很难用 OKR。

概括来说，创新驱动的工作更适合用 OKR。

问：您对创业公司使用 OKR 有什么建议吗？

答：OKR 在创业公司可用于高层管理者对齐目标，形式有点像目标理念对齐的务虚会。OKR 在创业公司很难完全落地，机制不允许，而且管理者没有太多时间花在这上面。

问：您认为 OKR 与企业文化的关系是怎样的？

答：OKR 需要创新的企业文化，要让 OKR 不变味，需要坚持以下几个原则：

（1）保障小团队的灵活性。在大团队中，OKR 容易变成 KPI，难以落实。为了避免这种情况，亚马逊搞"2 Pizza"，团队成员不超过 12 人（注："2 Pizza"团队最早是亚马逊 CEO 贝佐斯提出来的，意思是说创新项目的设计采用小团队方式，所有参与人包括设计、开发、测试、运维加起来，每顿饭只需要吃 2 个比萨）。太大的组织会有部门墙。

（2）倡导 3C 文化：创新（Creative）、好奇 (Curious)、批判式（Critical）。3C 是创新的底层能力。

（3）产品、运营和研发是互联网公司的三驾马车，当属于不同的职能（Function）部门时，它们的目标就会不同；而当我们把这些员工放在一起，归为同一个功能团队（Feature Team）或项目团队（Project Team）时，更有利于它们的步调一致。

问：回顾 OKR 的实施历程，您有什么体会？

答：OKR 关注建立长期能力，其对应的保障机制建设其实挺难的。

实施 OKR 对于纯产品研发的创新型工作相对容易，而对于业务类工作确实很难，主要原因可以概括为以下三点：

（1）业务部门往往有管理塔，层级间容易产生断层。

（2）业务主管更关注业务指标，对于实施 OKR 的驱动力也不足。

（3）最关键的是高层管理者的信念对于 OKR 的实施特别重要，如果没有足够的信念，前两个困难就不可能克服。

问：您觉得实施 OKR 最大的价值是什么？

答：业务目标的实现需要资源和流程的配合，但核心能力的培养，往往不会直接放在 KPI 中。从中长期看，又必须重视打造核心能力，OKR 就是来做这件事的。

一个理想的团队需要既有创新性，又要有很强的机制驱动的能力。就像军队那样，既能上前线打拼，又能运筹帷幄，及时筹措大型武器装备和军需物资。只有这样，企业才有实现长期的第二曲线的可能性。因此企业需要 KPI 和 OKR 的双轮驱动。

问：您怎么看待年轻员工的激励问题？

答：年轻员工是否理解 OKR 目标和自己原本设定的直接目标间的关系很重要，因为 OKR 中没有提供直接的奖金机制。

产品研发岗位可以用 OKR 进行回顾考核，系统地提供能力、潜力和输出评价，从而产生人才能力模型。举个例子：学生在毕业时要各门功课都及格，这相当于 KPI，而要想成为优秀毕业生需要关注的东西相当于 OKR。把两者衔接起来是不容易的，因为并非每个学生都想做优秀毕业生，实际上优秀毕业生也是少数。

问：从 OKR 管理的角度来看，您对 HR 有什么要求？

答：把 OKR 成功运行起来挺难的，必须让 HR 深度参与团队业务运营。HR 需要知道团队的方向、目标，把员工的潜力识别出来，并对员工进行评估：他制定了 OKR，是否有能力把 OKR 落地。HR 依据积累的岗位适配能力模型对现有员工进行能力培养，并将这个模型作为未来招聘的参考标准。例如，O（目标）的实现需要经验输出而非能力输出，那么利用案例来培训团队，就会很快提升他们目标匹配落地的能力。

本篇金句

当一个企业的业务线和管理层级开始变得复杂、难以达成共识时，就比较需要 OKR 了。

——美团资深高管 张曙望（化名）

把 OKR 理解为"一个体现工作价值的工具"。

——美团资深高管 张曙望（化名）

既能上前线打拼，又能运筹帷幄，及时筹措大型武器装备和军需物资。只有这样，企业才有实现长期的第二曲线的可能性。

——美团买菜高管 王山岳（化名）

案例 7 反思与延伸思考：
如何体现工作的价值

在本例中，有一个重要的观点是：把 OKR 理解为"一个体现工作价值的工具"。那么究竟工作的价值是什么呢？该如何体现呢？

可能读者的第一反应是工作的价值当然是赚钱。如果企业自上而下在这一点上都达成共识，那么企业主要的 OKR 目标都可以围绕销售额和利润展开，这也可能就是不少企业认为在销售团队中比较容易执行 OKR，但是在研发（对 OKR 的一种普遍期望是激发研发人员的创意）或者后勤团队中反而比较难执行的原因。但是即便企业各级员工达成围绕"赚钱"确定工作价值的共识，但是主体问题还是需要搞清楚：究竟是谁赚钱了，是企业的投资者、企业的管理决策者还是企业的大部分员工？

当企业的"OKR 操盘手"发现基层员工没有充分表达自身目标的能力，那么首先要审视的是在本公司 OKR 的执行过程中，有没有真正提供给基层员工打开自我的氛围和机制保障。在具体的事件中，不少基层干部或者基层员工旗帜鲜明地认为自己的个人目标就是"赚钱"，往往还有比较明确的金额、时间目标以及赚到的钱的用途。这对于企业来讲并不是一场灾难

（尽管很多企业推行 OKR 是希望员工追求非物质的工作回报），因为了解真相从来都不是灾难，拒绝正视现实才是。

在平衡"为谁赚钱""赚多少钱是合理的"这两个问题时，华为和巴西塞氏企业（Semco SA）提供了"样板作业"。

华为的成就得益于其"以客户为中心，以奋斗者为本，长期艰苦奋斗"的核心文化价值观。华为曾在《从"哲学"到实践》的公司文件中有过详细阐述：公司的价值分配体系要向奋斗者、贡献者倾斜，给火车头加满油。敢于打破陈规陋习，敢于向优秀的奋斗者、成功实践者、有贡献者倾斜。

公司高层会议的纪要中曾注明：公司给员工的报酬是以他的贡献大小和实现持续贡献的任职能力为依据的，不会为员工的学历、工龄和职称以及内部"公关"做得好而支付任何报酬。认知不能作为任职的要素，必须要看奋斗精神，看贡献，看潜力。

任正非对此有过更贴切的阐述：要明确员工在公司改变命运的方法只有两个：一是努力奋斗，二是提供优异的贡献。贡献有潜在的，显现的；有短期的，长期的；有默默无闻的，甚至有被人误解的。

巴西塞氏企业明确把"民主"塑造为企业文化的一部分，其中一个在外人看来比较极端的做法是让企业的经理设定他们自己的目标，到年终时评判自己达到目标的程度，甚至以此为基础奖励给他们自己适当的奖金。既然是经理们决定自己的奖励，那么就不会有人抱怨体制的不公了。

但是在具体让经理们向核心高管提议自身的工资前，企业会确保他们了解以下四个标准，并且认真进行了相应的调研和思考：

（1）经理们认为自己在其他公司能挣多少钱。

（2）集团内其他企业有类似职责和能力的人挣多少钱。

（3）有相似背景的朋友挣多少钱。

（4）自己需要多少钱来生活。

为了帮助大家弄明白前两个问题，企业提供了一份塞氏企业的工资调查表和像普华永道这样的咨询公司编纂的国家调查数据。对于另外两个问题，员工必须自己去找出答案。

作为一种企业理念，塞氏企业努力把高层人员的工资保持在最低工资的 10 倍以内，这与巴西其他公司形成了鲜明的对比。在巴西，高层经理的工资普遍可能是一个工人工资的 80 倍。

近年来，除了赚取利润，ESG 这个新的企业全面性的价值追求越来越受到关注，越来越多的上市企业也开始每年公布自己的 ESG 报告。

具体来说 ESG 包含了以下三个维度：

• 环境（Environment）：包括气候变化、生物多样性、水资源有效利用、能源利用、碳排放强度、环境治理体系等议题。

• 社会（Society）：包括机会平等、结社自由、健康和安全、人类权利、顾客和产品责任、童工等议题。

- 治理（Governance）：包括商业道德、合规、董事会独立性、高管薪酬、股东民主等议题。

ESG 越来越多地被作为企业投资决策的参考因素，也就是说，投资人在投资时可以关注的不仅有公司的财务、经营状况，还可以关注该公司的环境、社会、治理等方面。同时，ESG 也被用来作为评价公司的标准，通常来说，如果一家公司在 ESG 方面表现优秀的话，在财务经营方面也不会差到哪里去。

公司的 ESG 发展趋势决定了员工工作的价值也将越来越不局限于"赚钱"这个单一的维度了。

作家三桥由香里在《日本人的生活哲学》提出了"生命的价值"（Ikigai，这是一个日语词，由两个部分组成："Iki"，意为生命；"gai"，意为价值。该词的字面意思即为生命的价值，或者生命中的幸福）这一概念（见下页图）。书中指出，与人们的固有思维中生命的价值必然与工作相联系不同，每个人的生命的价值都是独一无二的。它或者来自工作，或者来自兴趣爱好，或者来自重要的人，又或者仅仅来自平凡的日常。尽管每个人的性格、偏好、思维方式各不相同，但我们都会在生命的不同方面找到快乐，因此，只要是能让你每天充满意义和喜悦的，就是属于你的生命的价值。

图来源：知乎"追求金钱和事业成功等于幸福吗？"词条。

"生命的价值"模型总共有四个圈：

第 1 个圈：你擅长的。

第 2 个圈：你热爱的。

第 3 个圈：世界需要的。

第 4 个圈：能为你赚钱的。

两个圈相交：

如果第 1 个圈和第 2 个圈相交，是"激情"。

如果第 2 个圈和第 3 个圈相交，是"使命"。

如果第 3 个圈和第 4 个圈相交，是"职业"。

如果第 4 个圈和第 1 个圈相交，是"专业"。

三个圈相交：

如果第 1、2 和第 3 个圈相交，是"快乐、充实但不富足"。

如果第 2、3 和第 4 个圈相交，是"激动、满足但充满不确定"。

如果第 3、4 和第 1 个圈相交，是"舒适但感到空虚"。

如果第 4、1 和第 2 个圈相交，是"满足但会感到无用"。

这个简单的模型填补了一个重要的空白，就是企业如何引导员工寻找自身工作的意义。一份"带来幸福感"的工作应该是既能发挥员工的特长又是员工自己热爱的，还是被社会所需要的，最后当然是能够赚钱的。

虽然制定 OKR 中的目标没有标准的规范，每个企业的企业文化也有很大的差异，但是企业从"自上而下"考量的维度需要延展到 ESG 的三个维度，而不是"仅仅为股东创造价值"，这一观念已经广为接受。我们也希望越来越多的企业能更加重视员工的兴趣和特长，并及时体现社会对于员工工作的期待。如此一来，员工对于自己的工作应该从企业获得多少经济报酬也将会有一个更系统和全面的认知。

案例资料 8

野心优雅：创新和效益的动态平衡

——去哪儿 CEO 的 OKR 领导美学

公司背景

2015 年 10 月 26 日，携程发布公告称，同意与去哪儿合并，合并后携程将拥有去哪儿 45% 的股份。此次携程与去哪儿合并的形式为：百度出售去哪儿股份，然后控股携程，百度将拥有携程 25% 的股份。

2017 年 12 月，陈刚履新去哪儿 CEO。2018 年，陈刚带领去哪儿完成了从业务重构、团队重构到系统重构的艰难过程。2018 年，去哪儿全年 GMV（成交总额）增长 30%，机票年增 20%；酒店重返高增长通道，中高星酒店保持 30% 以上的增长；火车票业务保持 40% 的增速。

2019 年，陈刚表示，去哪儿已积累 6 亿用户，当年 GMV 达 1600 亿元，主营业务继续保持两位数增速。2020 年，去哪儿交易用户数量比 2019 年增长数千万；新增用户中，三线以下城市用户占比达 46%，95 后群体占比高达 40%。2021 年，通过去哪儿购票的用户中，有 934 万人是第一次坐飞机，数量创近五年新高。

采访对象

去哪儿 CEO   陈刚

采访纪要

问：**请您介绍下贵司与 OKR 的渊源吧。**

答：2015 年，我们受《重新定义公司》这本书的影响，修改了原本的管理表格。2016 年，携程在直属部门中开始使用 OKR，效果很好。我在去哪儿主要使用 KPI。不同公司的文化渗透率不同，发展阶段也不同。

问：**您是如何理解 OKR 与 KPI 的？**

答：OKR 和 KPI 都是工具，应该比较的是以不同工具为中心的管理模式。公司发展的阶段不同，需要使用的管理方法也不同。

以 OKR 为中心的管理体系适合初创公司。这类公司高速发展，但有时方向比较模糊，或者本来方向就模糊，需要快速具象化。伴随人员的迅速增加，不少员工会出现"摸鱼"的状况。

以 KPI 为中心的管理体系追求细腻的、指标化的管理，关注报表，紧盯细节。这种公司可以局部使用 OKR，OKR 在小团队中可以发挥"灵活、扁平化"的优势，让领导者拥有导演心态，带领员工共同做出作品。

具体来说，KPI 关注利润和产品等目标的拆解，而 OKR 是一种语言，当公司没有成熟的管理机制时，特别需要这种沟通语言。它特别适合市场变化快、新产品层出不穷、每年三位数增长的环境。这样的增长会带来对问题视而不见，以及 KPI 无法管控的情况。如果只追求过程指标 KPI，很有可能会偏离最初的目标。

问：能否请您举一些成功使用 OKR 的例子？

答：我们计划进军社区电商业务，起初目标只有"社区电商"这个大概方向，然后我们具体做了以下三步工作：

（1）总结现有的"社区电商"模式。

（2）根据收集的信息，花两个月时间对"社区电商"的现有做法进行迭代更新，梳理出"十佳案例"。

（3）依据这些案例设定行动目标，并每 2~3 个月更新一次目标。

通过这样一个从模糊到清晰的摸索过程，最后总结出具体的方法。

我再举一个降低"到店无房"的例子吧，这个案例实际上体现了单纯用 KPI 可能引发的问题。当我们通过挖掘数据，识别出那些客户投诉"到店无房"概率较大的酒店时，如果仅仅站在 KPI 的角度，有效降低"到店无房"概率的做法就是简单粗暴地停止与这些酒店的合作。但这样的做法实际上违背了"提供最优性价比服务"的公司使命，服务有瑕疵可能是低价带来的后果，我们应该帮助低价的酒店避免这种问题，这才是正确的方法。

这让我联想起经典的"如何把牙膏销量提高 10%"的例子。单纯用 KPI 的思路可以是"把牙膏管口扩大 10%"，但这样做没有任何的作品感、价值感，不见得是最佳的做法。

单纯追求 KPI 可能让企业文化出现问题。比如，酒店的目标是业绩增长，CEO 宣布明年业绩的增长目标是 20%，然后各个部门分拆指标，根据预知的增长方向深挖。在这种情况下，员工缺乏使命感，成了指标导向的工具人。

按照 OKR 的做法，公司年初宣传愿景"我们要做全互联网和房子相关的所有业务"，各个部门自己定目标：实现 30%~100% 的增长。然后，各部门开始各自探索新业务，可以将 KPI 包含在内，以便于中层管理者能够很清晰地拆解愿景。

问：您能否总结一下 KPI 和 OKR 的差异？

答：KPI 对应非常清晰的目标清单和数字结果。

OKR 是愿景式的管理方法，把要做的东西尽量量化。OKR 是一种语言，高层管理者可以讲得比较笼统，由具体的职能部门负责精细化、明晰化。

KPI 和 OKR 的拆解逻辑是一样的，但 KPI 是固定的，OKR 是可以灵活调整的。因此，OKR 可能激发自下而上的重大改良。

KPI 的组织是自上而下的树状关系；而 OKR 的组织是网状关系，可能产生自下而上的影响。

从员工考核角度，KPI 只看做成了没有，而 OKR 需要"事后回顾为了愿景做了什么"。

问：您认为使用 OKR 的员工需要具备哪些核心素质？

答：员工需要具备很强的逻辑分析能力，能够做必要性分析：只要做了 A、B、C，就能实现目标。这要求员工能够辨别因果关系和相关性的差别。另外，使用 OKR 的员工需要有很强的抽象能力，能够筛选出实现目标的主要因素。

问：那您认为使用 OKR 有什么副作用吗？

答：也称不上什么副作用。但当公司成熟后，公司会从产品型变为运营型，那么需要的人才的特点将发生明显改变。实施 OKR 需要的人才以跨行为主，可以探索创新；KPI 则更适合管理富有经验的人才。

问：请您再详细介绍一下产品型企业和运营型企业的区别。

答：产品型企业很需要 OKR，也需要必要的 KPI 来保底。但总体来说，财务指标完成得好不好不是最重要的，可以两个月开一次 OKR 宣讲会，让员工看得见目标完成情况并对齐目标，分析不能对齐的原因。产品企业经常有从 0 到 1 或者从 1

到 10 的发展机会，即使是新人也有机会单开战线，使得企业充满活力。

运营型企业往往依靠成熟的职业经理人经营，财务指标是必须要完成的。成熟的运营文化离不开 KPI，直击目标。

在有些大型企业里，只要产品部用 OKR 就够了；而在另一些模式成熟的"流量 + 转换率"的企业，通过流程挖掘潜力，持续通过 KPI 对职业经理人进行施压即可。

问：听您的描述，OKR 的执行很像拍电影，对吗？

答：对，领导者就像导演，掌握故事梗概、设计核心片段、组建技术团队。拍到一半发现观众的关注点有变化，导演就需要调整风格，并通过剪辑或重拍、补拍的方法满足制片人的要求。因此，使用 OKR 做出的工作成果作品感很强。

问：您是如何管理员工考核的？

答：KPI 和 OKR 都需要考核。相对来说，KPI 只注重行为结果，其他部门的人可能不愿意主动配合。OKR 一般要进行阶段性复盘，大家轮流上台分享，清晰地展现 OKR 的执行状况。这样一来，其他部门的人知道了你的工作的意义，就会愿意配合。同时，OKR 复盘的阶段记录是进步的证明，是对整个成长过程的演示。

OKR 是要打分的，目标完成 7 分是合理的，如果完成 10

分，反而需要反思"目标有没有挑战性""方法有没有创新"。考核由领导者打分，比如对于太简单的目标，即使做到了 10分，也不见得考核评级就会高。

　　问：请您总结一下 OKR 的价值吧。

　　答：聚焦、协同、挑战。

本篇金句

KPI 的组织是自上而下的树状关系；而 OKR
的组织是网状关系，可能产生自下而上的
影响。

——去哪儿 CEO　陈刚

员工需要具备很强的逻辑分析能力，能够做必
要性分析。这要求员工能够辨别因果关系和相
关性的差别。

——去哪儿 CEO　陈刚

领导者就像导演，掌握故事梗概、设计核心片
段、组建技术团队。使用 OKR 做出的工作成
果作品感很强。

——去哪儿 CEO　陈刚

案例 8 反思与延伸思考：

如何同时追求负重致远的"创新"与锱铢必较的"效益"

　　在本案例中，其实有一个实例给了笔者较为深刻的印象，那就是通过把牙膏管的口径扩大 10% 来快速实现牙膏的销售增长 10%。如果不是站在实现企业愿景、构建核心竞争力等立场，肯定有不少企业老板希望员工多提这类能立刻产生经济效益的"金点子"，比听起来高大上、短期不见得能增加利润的 OKR 还要"接地气"。

　　"小孩子做选择，成年人全都要"。我们是否有办法在企业经营过程中，既追求符合长期愿景的创新之道又追求立刻获利的执行细节呢？答案是肯定的。在《相变：组织如何推动改变世界的奇思狂想》一书中，作者萨菲·巴赫尔（Safi Bahcall）就给出了实现上述期望的方向。书中的核心思想被概括为"布什—韦尔原则"。

1. 相态分离

- 将艺术家和士兵分开：企业中擅长创意和擅长经营的人才往往不能成为好朋友，那么根据不同部门不同岗位的差异性，需要适当建立机制保护两种人才的独立性。

- 根据相态量身定制工具：为追求创意和钻研牟利的不同人才提供不同的工具、不同的工作环境、不同的激励机制。
- 注意区分技术类产品创新和商业模式创新的巨大差异。

2. 创造动态平衡

- 平等地对待艺术家和士兵：不能明显地对两类人才进行区别对待，更不能有意制造内部对抗。
- 领导者应聚焦在完善沟通机制和转换管理方式上，而不是痴迷于技术改良或者干预业务细节。
- 任命并培训项目负责人，以弥合分歧。

3. 传播系统思维

- 不断提出疑问：为什么团队做出了这个选择？
- 不断提出疑问：如何改进决策过程？
- 找到具有结果思维模式的团队，并帮助他们采用系统思维模式。

4. 提高魔法数字

- 减少行政因素。
- 使用柔性股权激励（非财务奖励）。
- 提升员工技能以适应相应的工作（扫描不匹配项）。
- 稳定中层（减少对中层管理人员的不正当激励）。

- 在刀战时带上一把枪（雇用一名首席激励官）。

- 微调跨度（对奇思狂想团队宽松，对特许经营团队严格）。

综上所述，我们很轻易地能够感知到"布什—韦尔原则"将非常适合于 OKR 的土壤，帮助企业兼顾"探索"与"效益"的平衡。马化腾曾说"QQ 的团队做不出微信"，有宏观视野的企业高层管理者需要对两种追求偏好有敏锐的感受，但同时又能够战胜自己的偏好，构建机制、调度资源，最大限度地挖掘企业发展的潜能。

实际上，在人工智能算法领域，"探索（Exploration）与追求效益（Exploitation）"（简称"E&E"）是推荐内容决策系统中的一个经典研究课题。从时间维度来看，当信息不足或者决策的不确定性很大的时候，我们需要平衡两类决策：

- 选择现在可能是最佳的方案。

- 选择现在不确定但未来可能会带来高收益的方案。

从本书的研讨角度，KPI 的激励策略容易促使员工选择当前思维惯性下追求效益的最佳方案；而相对地，OKR 可以补充一种"不确定但是未来可能获得高收益"的激励方案。

可以说，每个人都是井底之蛙，差别只是井口的大小。如果没有探索，那么在有限的经验指导下，人们往往并不能找到最佳方案，也就是单纯地追求效益却并不能实现效益的最大化。因此，实施 OKR 的工作者们必须充满信念感，可以参考《相变：组织如何推动改变世界的奇思狂想》一书中对于拥护奇思狂想的人提出的建议：

- 当心虚假的失败：真正的伟大发明的诞生往往一波三折，过程中的挫败就是虚假的失败。
- 关注由好奇心产生的想法：敏锐地感知新想法、新创意的初心是否源于善意的好奇心。
- 使用系统思维而不是只看结果。
- 关注精神、人际关系和时间。

案例资料 9

云卷云舒：从常识到共识

——京东云的 OKR 管理逻辑

公司背景

京东云是京东科技旗下的品牌，也是京东集团对外输出技术与服务的核心品牌，拥有全球领先的云计算技术和完整的服务平台。依托京东集团，京东云在云计算、大数据、物联网和移动互联应用等多个方面具有长期业务实践和技术积淀，致力于打造社会化的云服务平台，向全社会提供安全、专业、稳定、便捷的云服务。

基于京东基础云、数据云两大产品线，京东电商云、物流云、产业云、智能云四大解决方案，以及华北、华东、华南三地数据中心正式上线，京东云正式加入风生水起的云计算市场的争夺中。京东在 Docker 容器上的应用数量已经突破 5000 个，在生产环境上运行的 Docker 实例也已突破 150000 个。

采访对象

京东云高层管理人员　刘圆良（化名）

采访纪要

问：请问贵司的使命和愿景是什么？

答：京东科技因为是新公司，尚没有强调自己的使命和愿景。我们云事业部的口号是：做最懂产业的云。我们今年的战略大目标是"降本增效"。

问：请问贵司使用 OKR 的现状是怎样的呢？

答：我们整个公司现在都在提倡使用 OKR，并将 OKR 与 KPI 结合使用。OKR 的目标更远期，但达成目标本身应该可以和 KPI 实现一致。目前对 OKR 的使用是一种倡导，有些部门用得多，有些部门用得少，不是一个强迫性的要求。

具体来说，我们会制定年度的目标，确定 OKR 的 O；然后将其分解到每个季度，根据每个季度的 O 拆解 KR。这个工作我们团队做得比较认真，感觉做目标的"回顾"和"检查"还是有一定价值的，可以确保工作方向没有跑偏。

比如，2020 年初我们定了四个目标，过了半年我们发现其中一个目标，没有付诸行动，当时我们就果断做了调整，用新情况引发的新目标替代没有进展的旧目标。具体来说，原本想在"搭建接入云的平台"的过程中，让第三方应用快速接入云，结果过了半年没有供应链来找我们。于是，我们把新目标调整为"聚焦服务中小企业的潜质"，并为此做一系列的准备工作。

我们通常在"双周例会"上检查 OKR 的执行情况，并不做定量的打分，而是做一些定性的描述，评价有没有资源投入。

问：能否请您更多地介绍下绩效承诺书？

答：我们的每个员工每半年都需要签一次绩效合同，相当于承诺书："本人承诺半年内做成以下工作……"，效果可衡量。比如"聚焦服务中小企业的潜质"这个目标，仅仅说"做好客户体验"肯定不行，得聚焦转换率的具体提升。为了实现这个目标，又必须对应设计具体的行动计划。到了相应的时间节点，公司基于可量化的数据进行考评，其结果和员工的收入直接挂钩。

我们会设置门槛值 80%，目标值 100%，挑战值 120%。当员工和领导确认目标值时，领导会衡量挑战值是否太低了。相对于这么具体刚性的绩效承诺书，OKR 的推行则没有任何硬性要求。

问：您如何评价目前 OKR 的运行效果呢？

答：由于我本人加入当前部门不久，2021 年 5 月才转过来，还不清楚云事业部执行 OKR 的精确起点是 2020 年还是 2021 年。但我觉得 OKR 最大的价值是让我们在日常工作中能经常看到目标，在"双周例会"上大家会集中关注目标的完成情况。

问：在您管理团队的过程中，曾采取过什么举措来促进 OKR 的执行？

答：我发现每个人对 OKR 都有不同的理解，因此我搜集了市面上好评度高的和我认为比较行之有效的 OKR 方面的书推荐给同事们，希望把理解对齐。比如，O 到底要不要拆解？如何拆解？书里建议按季度拆，按月打分，但我们的管理成本支持不了按月打分，因此采取按季度拆解，按月回顾的方法。我们都觉得应该"活学活用"，不能"教条主义"。

问：在使用 OKR 的过程中，你们遇到过什么困难吗？

答：怎么去拆解目标 O 是一个难点，因为员工的能力有差异，拆解的水平自然也就有高有低，我认为最重要的评价标准是"合乎常理"（Common Sense）。有些拆解在逻辑上明显有漏洞，必须要"合理"（Make Sense），对吧？

问：请问京东云未来 3~5 年的发展目标是什么？

答：京东云在未来 3~4 年在京东科技将会处于核心地位。如何实现与阿里巴巴、腾讯、华为的差异化，将是我们未来 3~5 年主要的探索方向。在国家大力推行科技战略的当下，我对京东科技有信心，相信公司能够抓住机遇，实现差异化。阿里巴巴、腾讯、华为目前是行业三强，我们希望未来能跻身行业前三名。

问：请问您对 OKR 的期望是什么样的？

答：OKR 的实施必须与公司整个组织挂钩。中国的企业管理大环境比较集权，我们应因地制宜，具体问题具体分析、解决。

问：你们具体使用了怎样的软件系统呢？

答：我们对双周的汇报要求聚焦在 10 个事项以内，必须与 OKR 的内容紧密挂钩。用 Excel 作为记录工具，用 Conference File（协同文件夹）归档管理。

问：总体概括起来，您如何评价 OKR 呢？

答：我觉得 OKR 是有用的，但是实施起来不能教条，其实施效果和组织能力紧密关联。我们参考这个方法论，但最终还是要以绩效提升为目的开展日常工作。

本篇金句

OKR 最重要的评价标准是"合乎常理"（Common Sense），拆解逻辑必须要"合理"（Make Sense）。

——京东云高层管理人员　刘圆良（化名）

案例 9 反思与延伸思考：
如何构建企业内部的常识与共识

常识指的是人们对同一事物普遍存在的日常共识，而问题的探讨或人与人之间的基本交流，往往都是基于常识来进行的。

常识其实是一直处于变化中的，会随着社会形态的不同、时代的变化而变化，不同国家和地区的人对于生活习俗都有不同的认知，隔行如隔山，不同行业的人对于同一个领域的知识会产生非常不同的认知。因此可以很容易地联想到，不同企业，特别是企业领导对于员工应该具备的"常识"的理解可能大相径庭。因此，OKR 的探讨就出现了一个小小的悖论：高效的 OKR 探讨需要基于"常识"，但公司内部对于"常识"不见得存在共识。

如果把问题改成"企业内部如何达成共识"，就变成了一个系统工程：

（1）从战略、考核激励层面，使部门之间的目标一致、协同。

（2）企业推行管理规范化、产品标准化。

（3）提高各层级决策人员知识的全面性，通过信息系统拉齐各层级决策人员掌握的信息水平。

（4）建立顺畅的沟通机制，弘扬换位思考的企业文化。

你会惊奇地发现，这不就是 OKR 的目标吗？

由此我们构建了一个"鸡生蛋、蛋生鸡"的有趣循环：OKR 的实施有利于公司内部达成共识，包括对常识的共识；而反过来，有效的共识机制，特别是对于常识的共识，是成功落地 OKR 的关键。这实际上包含了一个深刻的事实，OKR 的落地就像小孩子学习走路，不用去纠结先抬哪条腿，无论先抬哪条腿，身体的相应部位都会产生相对整体的动态平衡力，同时与环境形成动态平衡的关系。身体的动态平衡不是由意识控制的，是由身体的自然智慧决定的，自然智慧就是动态平衡的自然逻辑。当然小孩子刚刚学走路的时候，是有意识地学走路，也会因意识造成不平衡，导致摔跤。学会了走路就是学会了不用意识制造不平衡，顺其自然地实现动态平衡。

利用自然的方法，每个健康的小孩都可以学会走路，是不是我们也该有信心：每个企业都可以学会使用 OKR 呢？让我们来参考一下孩子学习走路的主要步骤。

（1）站立：先扶着宝宝慢慢地开始练习站立，锻炼宝宝的腿部肌肉力量。

（2）移步：父母可以配合练习，比如爸爸负责在宝宝后面扶着宝宝，妈妈在宝宝的前面拿着玩具来逗引宝宝，在这个过程中宝宝可能就会做出本能地向前移步的动作。

（3）迈步：方法与移步接近，但与移步不同的是，父母要让宝宝迈出去。

（4）走路：当宝宝学会了站立、移步、迈步之后，父母就可以尝试松开双手了，让宝宝自己走路试试看。在学会走路的过程中，宝宝可能会踉跄不稳，坚持的时间不长，甚至会跌倒。其实这些都是正常的，父母无须过分担心，只要注意保护好宝宝，让宝宝大胆地走。

（5）纠错：一些宝宝在学步时会出现踮脚尖走路的行为，父母可观察宝宝踮脚尖走路的频率来判断是否存在异常现象。如果宝宝有时用踮脚尖的方式走路，有时恢复正常状态，则不必过于担忧。如果一直是足尖着地走路，就要带宝宝到正规的医疗机构检查一下。

这给予我们灵感，我们可以直接利用常识、共识的讨论，打造"迈步"前的准备动作训练。

（1）企业内部常识大讨论：这一步其实非常关键。关于"工作的意义""企业存在的意义""好坏员工的标准""合理目标的定义"，在全体员工中可以开展一次没有标准答案的常识大讨论，慢慢梳理出对于这些重要常识的共识。

（2）为 OKR 实施预设的共识讨论：趁热打铁，让企业内部形成对于"多久讨论一次目标合理""开会的有效机制""协调部门间冲突的机制""个人目标与公司目标统一的方法"等细节问题的共识。

（3）总结前两步的成果，归纳出共识，也就是明确一种

"大讨论"的方法，形成对于共识建立机制本身的共识，让大家产生上下沟通、平级协同的信念。

（4）开始基于以上成果实施 OKR：小步进行，不要害怕"摔倒"，出现问题就想办法用前一步建立的共识机制解决。

（5）如果发现一些可能令人担忧的情况，比如部门间出现了 OKR 落地水平的明显差距，先不要急于干预，观察一下在组织内部能否自行形成动态平衡，如果一段时间后仍然没有改善，再寻求外部专家的诊断和干预。

案例资料 9 中的金句引发了这篇回顾的思维过程，让我们借鉴每个人都经历过的"学走路"经验，激发 OKR 落地过程中应该具备的"放松自然""动态平衡"的智慧，防止一味模仿"优秀企业"而导致"邯郸学步"事件发生，建立 OKR 落地与内部"常识""共识"机制不断优化的良性循环。

OKR

OKR 利器 4：
定位 /OKR 领导力三层转换模型

工具关键词："投入与收益"

管理关键词：管理的层级（Management pyramid & hierarchy of management）

工具逻辑（管理学学术假设）：

（1）企业的主要管理工作可以分为三个维度：顶层的战略，中层的商业，基层的执行。

（2）不同层级的管理者的核心工作不同。

（3）我们可以引入"投入产出"的标准来协助不同层级的管理者更好地执行管理工作（见下图）。

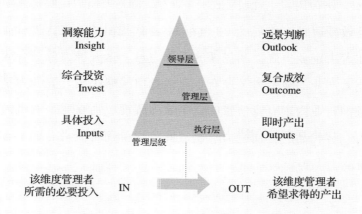

第一维度：领导层

主要的投入是"洞察能力"（Insight），即对于环境的观察与敏感度。分析影响外部环境的重要因素包括：对机构在短期、中期或长期的价值创造能力产生影响的，有关法律、商业、社会、环境和政治等多方面的背景因素。这些因素会对机构产生直接或间接影响（例如，对机构的资本可获得性、质量和价格可承受性产生影响），可以借鉴的模型包括 PESTEL 分析模型（PESTEL 分析模型又称大环境分析，是分析宏观环境的有效工具，不仅能够分析外部环境，而且能够识别一切对组织有冲击作用的力量。它是调查组织外部影响因素的方法，其中的每个字母代表一个因素，可以分为六大因素，P 为 Political，政治因素；E 为 Economic，经济因素；S 为 Social，社会因素；T 为 Technological，技术因素；E 为 Environmental，环境因素；L 为 Legal，法律因素）、波特五力模型（波特五力模型是哈佛大学商学院教授迈克尔·波特于 20 世纪 80 年代提出的，他认为行业中存在着决定竞争规模和程度的五种力量，这五种力量综合起来影响着产业的吸引力及现有企业的竞争战略决策。五种力量分别是同行业内现有竞争者的竞争激烈程度、潜在竞争者进入的能力、替代品的替代能力、供应商的讨价还价能力与购买者的议价能力）等。

　　领导层通过对于外部环境的判断，建立有效的公司治理体系，设立有效的愿景与价值观。主要的管理内容包括：设立企业的领导结构，制定战略决策；确立企业文化，包括面对风险的态度，以及解决诚信和道德问题的机制。

　　主要的产出是远景判断（Outlook），比如，企业对于其在短期、中期和长期可能要面对的外部环境的预期，分析该外部环境将如何影响企业，以及告知团队管理层，为应对可能出现的重大挑战和不确定性采取哪些准备措施。

第二维度：管理层

　　主要的投入是"综合投资"（Invest），管理者需要综合评价所有具体的商业投资行为。

　　主要的管理内容，首先是建立起有效的商业模式。企业的商业模式是指，企业为了实现其战略目标，在短期、中期和长期创造价值，通过经营活动将投入转化为产出和成果的体系。这个层级的管理者需要清晰识别商业模式的关键要素，绘制出关键要素的简单图表，并辅之对企业战略相关性的清晰说明。他们需要识别关键利益相关者对其他要素（如原材料）的依赖性，以及影响外部环境的重要因素。

　　而更重要的是，他们需要将商业模式与其他信息元素进行关联，如战略、风险和机遇，以及绩效（包括 KPI，以及诸如成本控制和收入等财务上的考虑）。

主要的产出为"复合成效"（Outcome）。这个"复合成效"不单单是指企业的利润指标，也包括内部"复合成效"（如员工士气、机构声誉、收入和现金流）和外部"复合成效"（如客户满意度、纳税额、品牌忠诚度及社会和环境影响）。

第三维度：执行层

主要的投入是"具体投入"（Inputs）。这个维度的管理者更为传统，其主要的管理工作更容易量化。除了资金投入，这里的"具体投入"还包括人力投入等其他投入。

主要的管理工作更为具体，包括每个职能部门的具体工作。

主要的产出为"即时产出"（Outputs），可以是关键产品和服务。

OKR 更适合第一、二维度的管理。

案例资料 10

最亮的星：OKR 是管理创新的星星之火

—— 启迪之星的 OKR 初体验

公司背景

启迪之星（长沙）位于湖南省长沙市天心区，是由启迪科服集团、紫光古汉集团、北京启迪创业孵化器与长沙市天心区（国家）广告产业园管委会、湖南天信文创发展有限公司共建的"互联网 + 大健康"专业孵化基地，占地面积 14750 平方米，定位于大健康领域的孵化器和加速器运营中心，深度挖掘省内外大健康产业创新创业项目和团队，同时辅以产业引导天使基金，帮助创业企业快速成长。

采访对象

启迪之星（长沙）负责人　章可名（化名）

采访纪要

问：请问贵司的使命和愿景是什么？

答：我司隶属于启迪控股集团（以下简称启迪控股），包括制造业、新能源实业、地产等多个板块。启迪控股的使命和愿景是"为科技创新服务"。

启迪之星的定位是轻资产，聚焦科技企业孵化投资，是集团的势能板块，旨在为创新者提供全面的创新创业服务。公司位于产业链最前端，聚焦创新者和创新服务。

自 20 世纪 90 年代从清华创业园开始，启迪之星累计孵化超过 10000 家公司，构建了完整的创新生态。我们在全球 80 多个城市有基地，可以组织交流活动，让创业者成长得更快更好。

问：请问贵司是在何时、在什么背景下开始推行 OKR 的？

答：启迪之星（长沙）大约是从 2019 年开始推行 OKR 的。一方面，我们服务中小型创业企业和创业者，不能完全参考大部分实业公司自上而下的 KPI 制度。另一方面，我们发现初创企业使用 OKR 的比较多，全团队分享目标、自下而上制订计划，觉得 OKR 适合创新型、服务型的企业。

另外我们也会面临当地政府的一些 KPI 要求，比如"入驻、投资、三板四板对接"等，但这些与我们内部推行 OKR 不矛盾，而且有利于实现外部要求的 KPI。

问：请问贵司实行 OKR 的现状如何？

答：我们每个孵化器的团队规模都不大，大约 10 人以内。目前，我们内部交流紧密，既用 OKR，也用 KPI，其中 KPI 考核是影响薪资的。OKR 的来源则相对丰富，有些是基于具体工作内容创新一个模式，有些是基于管理者个人的创意想法。在我们的小团队中，我鼓励员工把个人生活目标也并入 OKR 中，像运动、减肥等都成了具体的目标，和员工生活品质的提升直接挂钩。

实际上 OKR 的实行对管理者的要求高，对员工的要求没那么高。激励模式的调整本身就是对管理的挑战，不能给员工留下"没加工资但加了工作量"的印象。管理者需要营造更有价值感、更激励人心的气氛。"不给员工添乱"应该是推行 OKR 的基础准则。

问：请问贵司如何做目标的分解？

答：我们的工作目标无法完全用量化指标表达。举个例子，我刚上任时接到领导的指示："把湖南的孵化器做好。"关于什么是"好的孵化器"，本身没有明确的量化定义，地域间差别很大，不能横向量化比较。有很多指标，比如"员工个人能力的提升""与当地其他的孵化器及生态系统的融合""创业者心中的美誉度提升"都可以算是对"好的孵化器"的描述，但又都不是刚性的。

孵化器运营的主要现金流来自政府的补贴，带有公益属性，在集团内属于成本中心。因此，我们的目标设定必须建立在理解集团和地方公司战略定位的基础上，让员工自下而上，逐级沟通，形成对目标的共识。

问：您如何理解 OKR 和 KPI 的关系？

答：推行 OKR 和使用 KPI 不矛盾。甲方可以分配 KPI，我们必须完成；但服务于创新生态环境，我们自身也要创新。

问：您认为成功实施 OKR 要求企业员工具备怎样的能力和素质？

答：OKR 不单纯是一个考核的工具，它是大家一起沟通、协作、制定目标的工具，因此对自驱力的提升很有效。公司营造了宽松、透明的氛围，从季度到年设定 O，结合 KPI 开展管理。在 KPI 的管理背景下，每个员工领取一摊活儿；而 OKR 的赋能能力更强，它提供给员工对自己工作的自主权和控制权。

在当今的 VUCA 时代，模糊的工作范围是很常见的，自驱力变得越来越重要。

除此之外，具备良好的沟通能力，即与各行各业的人打交道的能力是服务业的核心要求。我们的员工需要具备在集团内不同板块、部门间的协调沟通能力，以及多产业生态链的资源协同能力。

OKR 能明确提升员工的目标制定和执行能力。尽管在集团内横向比较，我们的员工薪资相对较低，但他们年轻、富有热情，需要在平台上得到充分的锻炼机会。

问：您觉得企业实施 OKR 最重要的条件是什么呢？

答：OKR 非常考验管理者的恒心，因为在实施初期可能看不到很明显的效果。OKR 的实行需要管理者把理念植入员工心里、大脑里，这需要一个过程，所以耐心至关重要。

问：请问你们在实行 OKR 的过程中使用了什么 IT 工具？

答：我激励一名员工主导这件事，充分授权他带领大家使用 OKR。他设计了基于脑图和简单 Excel 表的 OKR 工具，比较简单实用。

问：您觉得公司未来 OKR 的进一步完善实施需要提前做哪些准备？

答：如前面所说，我觉得坚持足够的时间很重要。实际上，每次我看到员工的 OKR 表格也会心情愉悦。因为普通的工作日报更注重 KPI，是干巴巴的数字，但每周、每个月的 OKR 表格的信息更有趣，能帮助管理者从新的维度了解员工。

问：请最后总结一下您对 OKR 的看法。

答：我们使用的 OKR 模式不应该和谷歌的模式等同，"自下而上"可能不适合等级太多、人太多的企业，这种模式更适合采用扁平化管理方式的互联网公司。传统企业可以局部推行，在部分部门，特别是研发部门先使用。管理者应管得住这个作为管理工具的 OKR。

后续追踪访谈：

2021 年下半年，章可名先生调回北京总部，我们追踪调研发现启迪之星（长沙）已经不再继续力推 OKR，为此我们采访了章可名先生。

问：启迪之星（长沙）不再使用 OKR 的主要原因是什么呢？是因为更换了 CEO 吗？

答：我觉得主要原因有两点：一是换了 CEO；二是主要工作内容由早期的拓展变为维护和运营，日常考核用 KPI 即可，对员工主观能动性调动的必要性不强了。

问：您认为什么样的科创公司适合用 OKR？

答：一是公司创始人能够力推，是坚定的 OKR 认可和执行者；二是公司业务发展目标清楚，如果大的思路不清晰，O 较难把握；三是公司要持续不断地将 OKR 融入企业文化，使之成为员工工作的内在动机，而不是应付了事。

本篇金句

在 KPI 的管理背景下，每个员工领取一摊活儿；而 OKR 的赋能能力更强，它提供给员工对自己工作的自主权和控制权。

——启迪之星（长沙）负责人　章可名（化名）

案例资料 11

为我所用：拥抱不确定时代的"都挺好"
——中建投信托 OKR 的兼容并包

公司背景

中建投信托股份有限公司是经中国银行保险监督管理委员会批准成立的专业信托金融机构。公司成立于 1979 年，总部位于杭州，前身为浙江省国际信托投资公司（以下简称浙江国投），是国内很早经营信托投资业务的公司之一。2007 年 4 月，中国建银投资有限责任公司（以下简称中国建投）收购浙江国投的全部股权；同年 11 月，更名为"中投信托有限责任公司"。2013 年 6 月，公司更名为"中建投信托有限责任公司"。2018 年 5 月，公司整体变更为股份有限公司，更名为"中建投信托股份有限公司"，注册资本为 50 亿元。截至 2020 年末，公司总资产为 121 亿元，净资产为 88 亿元。

采访对象

中建投信托股份有限公司高级理财经理、团队总监　郭嘉

采访纪要

问：请您简单介绍下贵司。

答：我司是中国投资有限责任公司旗下唯一的信托公司。公司以稳健经营为基础，逐步发展家族信托业务。2021 年，由于房地产行业面临前所未有的困难，公司面临财富管理转型的时点。

问：请问贵司何时开始使用新的考核方法的?

答：我司从 2018 年开始基于"基本法"的考核，与过去相比变化很大，主要体现在对理财经理的综合考量方面，集中体现为平衡计分卡的使用，将考核的重点从"固定收益"产品向"股权（资本＋地产）""高净值客户"这两个新的关注点转移。

问：请问实施新的考核方法的原因是什么呢?

答：在面临转型的大局面前，我们不能继续集中在地产、政府平台等固定收益的项目上了，必须转向权益类资本市场标准化产品，因此公司无法再按照原来的方法考核员工了。改革主要从考核财富业务部入手，其他部门逐渐引入，方法类似但考核项不同。

我们理解平衡计分卡就是我们的 OKR，但是又可以理解为原有 KPI 方式的转变。它强调团队的目标，不仅仅关注个人的目标。

问：请问你们的目标是如何对齐的呢？

答：我们并没有完全透明的公示，但是会逐级传达，上级能看到下级目标的汇总。我们每三个月调整一次职级目标，目标与薪酬直接相关。团队目标由上级设置，上级会根据每个人的职级分解团队目标。

目前业务前端刚使用这套方法，中后端尚没有明确量化的考核方法。考核虽然需要依据"合规情况"和"上级给下级的打分"，但主要是依据具体的量化指标，根据完成情况打分。平衡计分卡取代了传统的 KPI，它可以依据总的奖金池预算，灵活进行调控，避免刻板推行 KPI 考核导致财务上整体超支的可能性。

问：你们是如何推广这种新做法的？

答：我们并没有大规模、大张旗鼓地开展宣传教育。我们以前都是部门打包承包制，但依托平衡计分卡。现在弹性更大，人人都会关注并对规则进行了解和学习。

问：请问您觉得新的方法有什么优缺点？

答：我感觉这套方法的优点是可以督促理财业务转型、避免"偏科"，员工原本"收息刚兑"的习惯有了明确的转型目标。另外就是刚才提过的，新方法可以结合量化和非量化激励，控制激励的总成本。

但它也有缺点，就是"偏科"员工可能无法适应新的规则，导致动力不足或者直接离职的问题，造成了一定的人才流失。有人反映"现在不明确做成一单能直接提成多少钱"，因此动力受挫。

问：您对公司未来几年的前瞻是怎样的？

答：外部环境正在发生巨变，内部转型就要靠人。这种改革实际也参考了外资银行的经验。目前新的激励制度针对的主要是财富管理人员，未来要推行到中后端其他部门，比如对信托人员会有存量和新增业绩的考评，但本质上会将定性结合到定量中。

本篇金句

外部环境正在发生巨变，内部转型就要靠人。

——中建投信托股份有限公司高级理财经理、团队总监　郭嘉

案例资料 12
看见未来：OKR 让我们努力创造美好
——贝壳高管的 OKR 信仰

公司背景

贝壳控股（以下简称贝壳）是以技术驱动的品质居住服务平台，聚合和赋能全行业的优质服务者，打造开放的品质居住服务生态，致力于为 3 亿家庭提供交易、租赁、装修和社区服务等全方位的居住服务。

采访对象

贝壳核心高管代表　王阳（化名）

贝壳高级技术经理　李银（化名）

贝壳核心高管代表王阳采访纪要

问：请问贝壳的使命和愿景是什么？

答：我们的使命是：有尊严的服务者，更美好的居住。我们的愿景是：服务 3 亿家庭的品质居住平台。

问：能否介绍一下贝壳具体的运作模式？

答：贝壳的主要模式是为门店提供线上流量、线下规则。我们将线下流程拆分为七八个节点，实现线下协作网络的重构（280 多个合作品牌，5 万多家门店）。我们也提供签约、交易、银行贷款、资金监管等基本服务。贝壳会从客户交的佣金中提取一定比例的平台费。目前一线城市以二手房交易为主，下沉市场以新房交易为主。

问：请简单介绍一下员工组成。

答：总部职能类员工大约有 5000 人，全国 100 多个城市地区中心的职能类和支持类员工超过 3 万人，这两部分员工大约共有 4 万人。

链家是下属自营公司，全国共有员工 14 万人，因此与贝壳有劳动关系的有 18 万~19 万人。与贝壳有合作关系的员工有 30 多万人，因此我们的从业者总共有 50 多万人。

问：请问贵司是如何实施 OKR 的？

答：2018 年 4 月，公司总部就开始使用 OKR 进行管理了，那时各地的分支机构更多地还是使用 KPI，真正全面上线 OKR 是 2020 年。

员工用在线文档沟通，然后进入自研的 OKR 系统进行归档追踪管理等。自研的平台支持 PC 和移动端（依托企业微信部署）。

我们公司在年初开工时，会开一个大班会，会上各部门领导都会公布他的 OKR。公司有述职的传统，每个季度全员每一层组织都会逐级回顾 OKR 所有项的进度，然后用红灯、黄灯、绿灯标识。考核时 50% 依据 OKR 完成情况，50% 看其他绩效，总的情况类似 361 末位淘汰制。

问：贵司怎么处理 OKR 和 KPI 的关系？

答：公司有两个群体，门店业务人员使用 KPI，总部互联网产研人员更适合 OKR。因此，在实际执行过程中会结合 KPI 和 OKR，用 OKR 自上而下描绘愿景，即未来目标实现的美好画面。基于这个画面，和运营相关的人员可能会围绕一些指标，实施类似于 KPI 方式的管理，职能专业线和产研人员则更多地用 OKR。

问：请问您认为 OKR 的最大价值是什么？

答：每个人都能基于核心的 O，看到未来一个很美好的场景，而这个场景可以激励所有人。老板的 O 是打造一家社会、政府、客户、员工以及自己都认可的好企业，分成几个 KR 来实现，从业务、组织文化氛围、经营、社会责任、对行业的改变等角度，分别描绘一个画面。这些画面就是各个部门最核心的 O，然后逐级拆分，直至每个员工个人的目标都可以和公司的总目标对齐。

比如，业务上我们将更多地关注普惠居住，包括帮助解决蓝领和新市民的住房租赁等问题，也将更多地关注老旧城市更新等任务，另外还会更多地向家装家居延展。租赁业务意味着我们将承担更多的社会责任，同时对经营端也提出了降本增效、提升效率的更高要求。家居业务也围绕着实现更美好家居生活的想象展开。这些都是与业务相关的 KR。

在组织文化方面，我们想要打造真实的成长环境，这是 HR 最重要的任务。在技术方面，我们希望通过技术改变行业的一些场景。例如，我们推出的 VR 看房服务，在 2020 年对于业界的影响还是挺大的。另外，目前基本上买房和租房的整个流程都可以在网上实现了。我们通过与高校进行校企合作，建设了中国首创的房产中介专业的本科项目，为改变这个行业的整体形象做出了贡献。

问：对于 OKR 的实施您认为有什么难点和挑战？

答：OKR 是围绕美好愿景展开的，在日常工作中有很多琐碎的任务类工作往往会被我们忽视。比如，公司在招聘人员上花费了很多的时间和精力，但是在 OKR 里则体现不出来。因此，考核方面只能 50% 根据 OKR，围绕如何让组织更完善的问题，还有 50% 仍然是 KPI 的思路，围绕岗位职责所承担工作的完成情况。

如何在基于未来管理（OKR）和基于现在管理（KPI）两者之间找到平衡点是一个难题，目前我们做得还不是很好。

另外，跨团队之间的协同和对齐还是非常有挑战性的，单靠 OKR 很难实现，可能需要专门组织跨部门的项目。

问：贵司如何组织在 OKR 领域的学习培训？

答：我们会到业界去参访成功案例，跟一些企业的 OKR 负责人讨教经验，也会经常请专家来传授相关知识。我们的高管还成立了一个新的部门。

贝壳高级技术经理李银采访纪要

问：请您简单介绍一下贝壳和链家的关系。

答：链家采取的是直营模式，2018 年以后公司开始做贝壳平台，现在链家也是贝壳平台上的一个品牌。其他跟链家平行的一些品牌，也都在贝壳平台上。

问：那么贝壳的企业文化是什么呢？

答：我们有 16 个字：客户至上，诚实可信；合作共赢，拼搏进取。

我们首先鼓励大家要说真话：1 万个销售技巧抵不过一句真话。这是我们赢得客户信任的一个非常重要的原因。

另外，不管是线上还是线下，所有的团队都提倡拼搏进取，鼓励合作共赢。整个贝壳的理念也是鼓励经纪人之间的合作，以及品牌之间的合作。

问：请问当初你们开始推行 OKR 是出于什么考量呢？

答：OKR 的使用与 KPI 有所不同。KPI 的特点是，达成了就是达成了，没达成就是没达成。但是 OKR 的导向是要"以终为始"地看待问题。如果定得太高，那可能有问题；但如果定得太低，也有问题。有时候全都达成了，也不见得就是做得好，有可能是因为定得太低了。所以，OKR 可能更多是作为参考，但不会被当作评判员工的工作干得好坏的强标准，不会作为奖金的考核标准，这是第一个结论。

第二个就是"自上而下"与"自下而上"的问题。KPI 更多的是自上而下的，从上往下去拆解目标；但是 OKR 有一些自下而上的动作，对大家提出了更多的共创要求。

当时的认知主要集中在这两方面，但是回头看的话，可能跟当时的理解会有些不一样。

问：请问具体有哪些不同呢？

答："自上而下"和"自下而上"这个差异并没有那么明显。

不管是"自上而下"还是"自下而上"，其实 OKR 与 KPI 最重要的差异是方法论的差异。KPI 有点像分配工作的感觉，而 OKR 更多的是鼓励大家参与，很多时候它需要共创。员工会影响管理层，管理层也会影响员工，完全的"自下而上"，在实际的执行过程中是比较困难的。

OKR 说到底还只是一套管理工具。可以说 OKR 提供了一套固定的模式来保证大家不会跑得太偏。它比 KPI 好的地方在于，它能让大家一直不停地去想到底目标是什么，所以在定 O 的时候就比较清晰、不太容易变，大家都能够对齐。

针对 O，KR 又能被拆解为一系列举措。OKR 是公开的，而公开会让所有的协作方更好地实现协同。特别是横向的合作团队，大家彼此知道对方的重点目标，也就会更好、更容易地去理解别人的工作。同时，OKR 也有助于员工了解自己的工作需要别人做什么来支持，能支持到什么程度。这样一来整体协同都会更好处理一些。

问：有人把 OKR 的作用总结为聚焦、协同、责任明确和挑战不可能，您怎么看？

答：这个我是认同的，在我们公司也是这样的，大家把目标全都公开，然后会去做一些横向的拉齐，把协同方都写到 KR 后边的备注里。这确实有很大的协同促进作用。公司自上而下，从领导者开始，目标都是公开的，所有人都能看到。

问：您觉得 OKR 还有什么优势呢？

答：我举一个实例吧。就是 2018 年公司想从链家转型到贝壳，这是个大过程，很有挑战。从直营到平台会有很多新品牌进来，企业的文化会不会被稀释？品质能不能继续保证？每个门店的收入能不能达到预期？这些都是巨大的挑战。

当时 OKR 起了非常大的作用。有很多时候，公司的当年目标很简单，就是说要"转型成功"，这个转型需要达到大概什么样的规模、实现多少利润，然后各个城市的分支机构都给自己设定了一些目标。但每个城市的分支机构遇到的情况其实都不一样，有自身的地域特点，所以每个城市的分支机构其实都得根据自身的特点制定一些与 KR 相关的举措。

经过了几个月的困难期，最后就真的转型成功了。我觉得如果当时用强指标考核的话，很可能会"变形"，因为在当时比较混乱的环境下实现这么大的一个转型，KPI 式的管理很可能会让数据很好看，但最后的结果是失败的。

KPI 在解决这种艰难问题的时候容易让结果"变形"，但 OKR 能够让大家一直保持在正确的道路上。

如果从时间的长短来看问题，KPI 往往会短视一些，而 OKR 的 O 很可能是一个抽象、模糊的概念，甚至要花很多年才能做好。比如，我们定义一个 O "要让用户感知好、让用户觉得体验好"，这个目标用 KPI 就没法儿定：什么叫感知好？什么叫体验好？这些都很难说，但是用 OKR 就比较容易具象为一些具体举措，不断探索执行。

相对来说，KPI 适合一些简单的体系，比如把销售额作为单一目标；而 OKR 则适合复杂的体系。

问：对于 KPI 和 OKR 的关系，您还有什么补充的吗？

答：我觉得任何一种方法都不是万能的，在同一类公司里，其实 KPI 和 OKR 应该是并存的。因为一个公司里一定有一些比较复杂的体系，比较模糊、难以描述的东西；也有一些是相对简单的体系，比如说采购、销售。销售可能就抓销售额，或者就抓利润率，那就免不了有些 KPI 指标。

所以关键是要找到公司最适应的那个度。OKR 其实是给了管理者和员工一定的自主权，KPI 相当于是一个"冷血无情"的东西，这两者之间需要做好平衡。

问：请问贵司是如何复盘和更新 OKR 的呢？

答：我们每个月，或至少每个季度都会回顾 OKR 的应用情况。我们会用共享文档，也会有相对应的系统，配合一些 Excel 表格。但实际上，如果复盘和更新做细的话，成本会比较高。

这里的成本主要就是人的心智成本。有时候你不管理得那么细的话，大家正常做事儿就行了；但要是一直把 OKR 当成一个行动计划，就需要制订很周密的计划，必须要时刻保证 OKR 跟实际做的事儿是完全一致的，那就会花很长时间。可能每隔一段时间都要花时间去填一堆表，然后跟其他人去商讨同步，这也属于协同成本吧。

问：那么在复盘的时候你们如何评价 OKR 的执行状况呢？

答：我们会有统一的红绿灯标准：黄灯属于部分完成，红灯就是很多都没完成。以前我们曾经用过打分的办法，但后来觉得分数比较虚，还不如用粗一点儿的红绿灯标准。

考评以自评为主，一般我们都提倡目标需要定到"跳一下才能够得着"这种难度。

问：您觉得企业在哪个阶段需要使用 OKR 呢？

答：在我看来其实每个阶段都需要。在初期，一个企业特别需要目标，但是它同时也需要考虑前期成本、现金流、收入这些硬性指标。另外我们也得看这个企业的规模有多大，以及对管理工具的驾驭能力。如果规模比较小，比如说就是一个夫妻店，那还搞什么 OKR，只需要保证成本、进货质量这些基本的 KPI，尽量做到物美价廉、客户满意就行了。但是对于规模更大的一些企业，目标比较复杂，那可能就需要 OKR 的辅助。这就要求管理者的能力比较强，员工要有一定的文化底蕴。要是没有文化底蕴，OKR 就容易变成一个很虚的东西，执行不下去。所以我觉得 OKR 不是说哪个阶段需不需要，更多的是看企业自身的综合能力。

问：请问你们如何考核、激励贝壳上的员工，特别是贝壳上加盟品牌的从业者？

答：这个我们会分开来看。一个是平台的专业员工，比如说像产品、人事、财务这类员工，就用标准的 OKR，这里就不过多解释了。对于加盟的这些从业者、服务者，也就是非贝壳员工，我们会守住底线，同时给他们充分的自主权。

所谓"守住底线"，就是他们进来的时候是要签署一些协议的，这些是平台统一的规则，他们必须要遵守，比如平台的服务保证、处罚规则、奖励规则。然后他们自己品牌内部怎么管理，他们一定是有自主经营权的。在这方面我们不去做太多的干涉，更多的是赋能。比如说我们会提供对管理者的培训，有类似于某某学园这样的内部机构给他们赋能。

问：对于企业文化和组织建设方面您还有什么要补充的吗？

答：有两点。第一，我们对于服务人员的要求是有一定底线的，包括学历、人品都有一些标准要求。这个标准是远高于行业里其他同类公司的。第二，我们平台的专业人员都来自一些大企业，我们的用人标准也是比较高的。公司在用人方面比较重视人的潜力和人品，就是让更多优秀的人在一起做一些更好的事情。

问：请问你们用的是什么 OKR 管理系统？

答：就 OKR 本身的管理而言，我觉得没有太高的门槛，我们自己有一些基础设施，不需要太多开发就搭建出来了。

本篇金句

如何在基于未来管理（OKR）和基于现在管理（KPI）两者之间找到平衡点是一个难题。

——贝壳核心高管代表　王阳（化名）

案例资料 13

和而不同：不创新，毋宁死

—— 文和友 CEO 眼中的 OKR

公司背景

湖南文和友文化产业发展集团有限公司（以下简称文和友）致力于传统民俗餐饮文化的研究，挖掘地域民间小吃，结合潮流文化，形成"文和友餐饮模式"。文和友注重消费场景，在新店重新构建了 20 世纪 80 年代长沙的生活场景。2018 年上半年，文和友在海信广场开了近 5000 平方米的门店。文和友的核心价值观包括：正直、荣誉、牺牲、创新、个性、分享，其愿景是成为"中国的美食迪士尼"。虽然文和友从餐饮起步，但其始终坚持文化传承的品牌理念，致力于传播传统人文艺术，研究传统文化，推广潮流文化。

采访对象

文和友 CEO　冯彬

采访纪要

问：请介绍下文和友品牌的来源。

答：我们品牌的来源是文和他的朋友们：创始人 2018 年前

刚开始做小店，主要聚焦于 20 世纪的市井文化，当时没有预料到会有那么大的影响。

从广义上讲，我们要做"城市文化和世界"的朋友，深度理解每个城市的文化。

问：贵司的工作方法和团队组建思路是什么样的？

答：通过积累，我们梳理了一套自己的方法论。利用核心团队沉淀下来的核心竞争力，写故事，构建独立的风格、主题，并基于有限的物理空间筛选主题。由此，我们形成了一套比较成熟的做调研的维度和方法。

此外，对处于方案阶段的店，我们要求员工的本地化程度比较高，团队的成员超过 50% 是本地人。我们还和南京大学历史系达成了合作。

问：能否解释一下贵司的使命和愿景？

答：我们没有提使命愿景价值观。成为怎样的公司，我们内部的说法是：做餐饮，对我们来说是有天赋的。

实际上，我们还有一个价值取向：希望和别人不一样，尽量追求不一样，包括服务、产品等都希望不一样。核心管理层的心得是：别人做过的，我们再做一遍没意思。

问：请问为了推行 OKR 你们用了什么工具？

答：用了飞书，因为适合我的组织。员工要干什么、去哪里、怎么干都很清晰。

问：你们公司什么时候推进 OKR 的?

答：我们从 2021 年 1 月开始试用，到 2021 年年底开始大规模使用，受到字节跳动和其他外部企业的影响。

问：OKR 的使用效果如何?

答：最好的一点是：不断对齐目标。当组织规模变大，达到几千人的规模时，总部的意见不能及时传递到基层。以前只能看到部门负责人层级的工作进度和最新想法，现在可以看到所有人，包括基层员工的工作进度和最新想法。

问：OKR 的实施面临什么样的挑战?

答：工作方法的改变是一个挑战，特别是对于基层员工来说。这个行业的基层员工普遍受教育程度不高，要向他们解释如何利用工具，这个过程有点难，但效果还是很明显的。

问：在风险控制和标准化方面，公司做了哪些事情?

答：公司坚持合法合规经营，关注食品安全、消防安全，内部紧抓安全部门、审计部门，并考虑和外部专业机构合作。

问：公司对美学和品牌形象的追求是什么?

答：我们自认为是有极高的审美要求的，这本身是一个巨大的挑战：一方面要迎合现在的消费者，另一方面要有足够大的差异化，保持原创性、独特性。我们对美的追求想实现一定的精度，不想妥协，就得不断地找平衡。以我们在南京的项目为例：在确定故事背景为明朝后，我们不想随波逐流，决定不建古建筑，经过不断打磨才提出了一个有创意的思路：假如存在一个平行宇宙，明朝一直延续到了现在，人们的生活会是什么样子的呢？

问：疫情对公司运营的影响大吗？

答：影响还是挺明显的，主要分为两个方面：

（1）影响营收数据，流动人口变少。

（2）公司发展步伐变慢，原本预期更快。

为了应对疫情，我们进行了内部反思，原本市场太好，即使产品做得粗糙也会被生意上的繁荣表象掩盖。现在我们有更多时间打磨产品，原本建店周期为 6~9 个月，现在为 12~18 个月。原来的作业流是定风格，边施工边填内容；现在是先写剧本，全部设计完再施工。

问：如何综合评估 OKR 的价值？

答：目前还看不到 OKR 对于产品的直接影响，但是全体员工对作业流和目标清晰了很多，配合度提高了很多。原本每个部门都在做自己的事情，现在在共同搭积木。

问：公司有什么关于深入推进 OKR 的计划?

答：OKR 推广计划：更深入地全员推广 OKR，让基层员工更适应这个工具，同时注重过程中的培训。在目标产出上，我们希望更精确，O 对应的 KR 更详细一点。

问：实施 OKR 以后你希望公司会有哪些改变?

答：实施 OKR 以后，希望人力资源管理中的考核方式发生改变。以前在打分表上打分，目前这种方式还没有完全转变，在我看来不需要评分，而是系统地对员工生成评价。

希望 OKR 赋能人力资源部门。这个部门原本有几十人，需要精减人员，提高效能。

希望各部门的领导和公司核心管理层借助 OKR 保持实时的一致性。保持实时性面临很大的挑战，有了系统好了很多。

本篇金句

别人做过的，我们再做一遍没意思。

——文和友 CEO　冯彬

案例 13 反思与延伸思考：
品牌美学与 OKR
——企业对于品牌审美的追求有利于 OKR 落地吗

　　品牌崇尚自己的美学理念，积累自身的美学文化，是否有利于 OKR 的落地呢？上面这个案例提出了这样一个有趣的探究 OKR 的视角，虽然目前这样的思路并不常见，但显然具有独特性。

　　以德国哲学家伊曼努尔·康德（Immanuel Kant）为代表的一些人的传统审美观念被认定是"无目的的合目的性"（Purposive Without Purpose）与"非功利性"（Aesthetic Disinterestness）的，这种审美观念虽然强调了美的自然与精神本性，但割裂了审美与日常生活的关联。俄国哲学家车尔尼雪夫斯基（Chernyshevsky）提出"美是生活"的著名判断，主要有三种理解：第一种理解为美就是生活"本身"；反之亦然，美的本身也就是生活；第二种理解是美以生活为"本质"，或者说，生活构成了美的本质；第三种理解则为生活是美的"本源"，反之则不是如此。概括来说"审美"或者企业自身的"品牌美学"本身也具有"理想性"和"生活性"两个层面，与 OKR "既有理想的远景追求，又有实际的落地压力"形成对应关系。

爱马仕家族第六代传人阿克塞尔·杜马斯（Axel Dumas）认为，品牌一直以来只把最高品质的东西给顾客，更重要的是秉承顶级手工制作理念，生产方式自 1837 年品牌诞生以来一直保持不变，严格保持家庭作坊的氛围。爱马仕于 20 世纪 20 年代末便开始在全球"寻求最好的技术工艺"，如瑞士的钟表制造工艺，意大利的皮革处理、制鞋工艺，越南的漆器与牛角制品工艺，等等。依靠这些精湛的技术和工艺，爱马仕树立了以产品为标杆的品牌美学。从爱马仕的例子可以看出，品牌美学的沉淀本身与创业目的和企业发展愿景是密不可分的，也就是企业最大的那个目标 O 往往具有一定的审美诉求，只是经常被忽视。

我们对比一下世界知名的苹果公司和微软公司成立之初对外宣传的愿景。苹果的愿景是"让每人拥有一台计算机"，而微软的愿景是"计算机进入家庭，放在每一张桌子上，使用微软的软件"。我们往往会关注这两个愿景在产品技术和市场规模上的逻辑延展，而忽视了审美的发展逻辑。微软的愿景聚焦台式个人电脑，你就无法想象它在移动端能够设计出引领潮流的产品。而苹果的愿景聚焦每人拥有一台计算机，那么私人性和个性化的产品设计就会比较有底蕴，但是在为公司设计的商业硬件或软件方面则稍显底气不足。

另外，审美会激发深刻的体验，而体验会产生情感。耐克、索尼等品牌为何能够在部分消费者心中缔造一种狂热的感情？这除了得益于一些传统的营销工具，最主要的还是这些品牌的产品所具备的美学符号带给顾客的美好体验。那么同样的道理，企业在集体审美的追求过程中也必然会激发全体员工的感官体验，从而刺激产生情感，锻造企业独有的文化、员工忠诚度甚至如信仰般的集体信念。

文和友要求员工"爱吃会玩"，一方面保证了员工对工作内容具有共情同理的能力，另一方面暗含的"有个性""不走寻常路"的审美情趣也成为企业文化的美学共识基础，成了某种意义上团队配合及 OKR 协同时的"常识"。企业对品牌审美的"执着"，一定程度上对于增进 OKR 落地的默契度和效率具有促进作用。我们期待在未来更多的案例调研中，还能够发现这一类与品牌美学有联系的 OKR 落地的实例，为我们的推断增加现实佐证。

案例资料 14

创新向善：OKR 成功的关键是组织心智

—— 混沌学园高管深度剖析 OKR

公司背景

混沌学园 App 是混沌学园于 2017 年推出的在线学习平台。混沌学园是一所面向未来的创新学习组织，创办人李善友打磨创新学科、邀请全球名师，通过线上和线下授课，以及独特的思维模型和刻意练习学习方法，为创新创业者提供认知升级。

采访对象

混沌学园组织发展 & 员工体验负责人　杨青

采访纪要

问：请问您的职位"混沌学园组织发展 & 员工体验负责人"具体是什么含义？

答：名称即战略，我们想改变对于人力资源的认知。站在 2B 立场，传统意义上的人力资源是为组织发展服务的；但站在 2C 立场，我们不希望把人看成资源，而是真正把每个人看成鲜活的个体，注重他（她）在这个组织中的工作体验，希望大家可以一起前行，彼此成就。所以我们这个部门实际上要兼顾两个立场：一个是 2B 的，主要关注"组织发展"；另一个是 2C 的，关注"员工体验"。我们就是人力资源管理部门，但是对名称进行了升级。

问：能否介绍一下贵司的使命和愿景？

答：混沌学园是一家非常具有使命感的公司，因为我们的创始人李善友教授本身是一个专注于课程的讲授者，公司在商学教育领域的各方面都有自己的追求。

混沌学园一直在讲一个词"创新"，混沌学园专注于创新。可以说我们的口号就是："创新向善，可以成就个人和组织的不凡。"当年李善友教授在斯坦福大学访问时，发现斯坦福大学的创新教育是那样的成功，但是围墙又是那么的高。我们希望也打造一流的创新课程，但是不希望有围墙。我们的目标是"打造好课程、好效果，对同学好"。

目前混沌学园想做的事情，就是希望通过线下的 4 个 SKU（SKU 即 Stock Keeping Unit，是商品入库后的一种编码归类方法，也是库存控制的最小单位，可以是以件、盒、托盘等为单位。每种商品均对应唯一的 SKU 号），用混沌学园的理论去赋能更多的人，帮助他们解决问题，希望中小企业的人带着困难来并带着方案走。我们始终提供的是关于认知的提升，通过深度思考帮助个人和企业看穿表面、通达本质，得到赋能的课程。

问：请问贵司是从何时开始使用 OKR 的?

答：我们正式开始推行 OKR 是在 2020 年疫情暴发的背景下，当时大家基本都居家办公，公司希望使用更聚焦、更高效的管理方式。考虑到业内有不少成功的案例，我们开始探索使用 OKR。但要说完全从每个部门到个体去设定目标、对齐目标、复盘核查，其实是在 2021 年了。

问：有人说 OKR 是自下而上的，而 KPI 是自上而下的，对此您怎么看呢?

答：从实际情况看，目标制定的过程一定是自上而下的，这是一个必要的过程。如果公司没有一个清晰的整体战略目标，员工没有办法自下而上地实现目标的对齐。但是围绕公司的战略目标，让基层员工自下而上地进行目标对齐也是必要的。通过员工朝着战略目标进行目标的对齐，各个团队间达成彼此的战略协作同步性，这是 OKR 最神奇的地方。"知道别的部门的同事在干什么，以及知道他们会配合支持你"，这种感觉非常棒。

问：请问你们多久复盘一次，是一个季度吗?

答：我们按月进行目标对齐，但是按月度复盘的难度确实挺大。复盘时，员工会进行自评打分，上级会对员工的自评进行修正。

问：您觉得 OKR 和 KPI 最大的不同在哪里？

答：OKR 更关注过程，KPI 更关注结果。

问：请问你们设定 OKR 时，一般比传统目标值高多少？

答：一般是高 20%，因为如果超过 20%，大家容易产生畏难心理，反而失去原本的激励效果。

问：您认为成功实施 OKR 的企业外部条件是什么？

答：我觉得一种情况是，当行业红利消失，业务发展遇到瓶颈时，企业需要聚焦和创新来破界。另一种情况是，组织在经历了创业初期的野蛮生长、发展到一定阶段后，需要用更系统的工具来支持业务的协同和发展。

问：您认为 OKR 与企业主体业务的创新变革压力有什么关系？

答：这是一种相辅相成的关系。业务的创新变革期需要新的突破点，此时必须聚焦一切资源、力出一孔，而 OKR 是一个非常好的目标协同工具。

问：您认为 OKR 与员工创新意识有什么关系？

答：员工的创新意识与公司文化息息相关，鼓励什么就会激发什么，倡导什么就会产出什么。

问：您认为成功实施 OKR 要求企业员工具备怎样的能力和素质？

答：我觉得关键是组织心智，尤其是高层管理者对于 OKR 要有深刻的认知。OKR 的推进和执行必须是公司层面的意识，才能在行为方面产生习惯，而习惯又演化为标准。当文化成为习惯，就成功了。

问：请问贵司使用的 OKR 系统是什么？

答：我们使用飞书作为基础的 OKR 系统，会充分使用其提供的一些培训服务。

问：请问贵司如何设定 OKR 系统的访问权限呢？

答：我们是根据企业的组织架构来设定权限的，我们的前台、中台和后台分工是很清晰的。前台打仗拿结果，中台是支撑部门，后台就是职能部门了。前台的每个人都有 OKR 账号，每个人都能看到整体的公司 OKR 树，中台有一部分人能看到，而后台只有领导者才能看到。

问：请问 OKR 最大的优点和不足是什么？

答：在战略协同方面 OKR 是一个很好的工具，尤其是当公司一把手对于 OKR 有比较深的认知的时候，OKR 是一个很好的杠杆：它可以用非常小的成本，来推动整个公司的战略落地和执行。而且它目前也有了比较成熟的运作方法。

　　然而福祸相依，如果一个公司的战略频繁调整，使用 OKR 这个工具将会产生负反馈，可能会让中层管理者和基层管理者更加混乱。我现在有一种很强的感受，当一个公司的战略快速迭代的时候，OKR 本身虽然很敏捷，但公司内部会产生比较强烈的不适应感。因为每次进行战略调整都需要每个人重新设计 OKR，并且全员对齐目标，这样的成本是极高的。

　　另外 OKR 是一个旗帜鲜明的一把手工程。如果企业一把手对 OKR 没有很深刻的认知，只是听说它是个好工具，在不了解的情况下就推行，那么效果自然不会好，甚至会产生反作用。因为 OKR 是一个推行之初认知门槛比较高的工具，它的学习、理解、辅导成本都比较高。

本篇金句

站在 2C 立场，我们不希望把人看成资源，而是真正把每个人看成鲜活的个体，注重他（她）在这个组织中的工作体验，希望大家可以一起前行，彼此成就。

——混沌学园组织发展 & 员工体验负责人　杨青

案例资料 15

君子不器：拒绝内卷，努力外卷

——阿里巴巴的 OKR 突围

公司背景

阿里巴巴集团控股有限公司（以下简称阿里巴巴）是 1999 年在浙江省杭州市创立的公司。阿里巴巴经营多项业务，另外也从关联公司的业务和服务中取得商业生态系统上的支援。阿里巴巴以及关联公司的业务板块包括淘宝网、天猫、聚划算、全球速卖通、阿里巴巴国际交易市场、1688、阿里妈妈、阿里云、蚂蚁金服、菜鸟网络等。20 多年来，阿里巴巴已由一家电子商务公司彻底蜕变为以技术驱动，包含数字商业、金融科技、智慧物流、云计算、人地关系、文化娱乐等场景的平台，服务数以亿计的消费者和数千万个中小企业。阿里巴巴致力于让天下没有难做的生意，开拓数字经济时代的商业基础设施，助力消费市场繁荣，推动各行各业走向数字化、智能化。

采访对象

阿里巴巴高层管理人员　　赵中梁（化名）

采访纪要

问：能否请您阐述一下贵司的使命、愿景和价值观？

答：使命是"让天下没有难做的生意"，愿景是变化的。价值观是"六脉神剑"中的六个部分，除了快乐生活以外都要在工作中考核。

阿里巴巴现状中最大的问题是"20 年使命愿景价值观对人才激活效果"的问题和"用才的原则"问题。过去的阿里巴巴"既要又要还要"，主张"今天的最优绩效是明天的及格线"，这些想法对于不少 95 后的职场新人来讲基本就等同于"职场PUA"。公司经常被吐槽，实际并非某个领域的第一名，一味强调激进显得高层管理者缺乏职业化素养。

问：请简单介绍一下贵司从什么时候开始实施 OKR。

答：2021 年 3 月 31 日，我们要求各个 BU 针对使命、愿景和价值观制定自己的大 O，大 O 也就是组织阶段性达到的成果。

问：请问你们使用了什么专门的工具吗？

答：工具就是一组标准化的 Excel 表单。

问：您认为公司实施 OKR 的必要性是什么？

答：阿里巴巴最大的问题是内卷（内耗），每个部门都要阶段性地证明自己的成果，强结果导向导致员工自私的本能被激发。

OKR 的逻辑结构是对的，但是企业各个阶段实施 OKR 的分寸需要具有精细的差别。Modeling（构建模型）处于什么阶段，未来三到五年会到什么阶段，需要在过程中把脉。OKR 实施最大的困难就是如何将其与个人绩效和 KPI 关联。

问：您如何看待目标 O 的保密性？

答：只有在某一赛道有绝对优势时才可公开目标 O，用来吸引人才。阿里巴巴所处的赛道都是竞争比较激烈的，都是微创新、处于成熟期，一不留神就到衰退期了，已经不是成长期，所以 O 是需要严格保密的。

上层的 KR 是下层的 O，下层能看到上层的 KR，但不能看到 O。O 有保密性，各个部门之间的 O 也是保密的。

问：您如何理解 KPI 与 OKR 的关系？

答：KPI 的确定需要基于组织对人才的储备，OKR 自上而下地放入这个考核体系比较困难，所以还是基于 KPI 考核。

KPI 用于考核，OKR 用于指导组织，员工通过 OKR 来找自己的价值。KPI 是"紧箍咒"，OKR 是成熟后的方法。

问：OKR 带来了怎样的挑战？

答：在 OKR 实施的过程中公司会调整一批人。业务好、做得舒服的时候，OKR 只不过是一个表格；业务不好做的时候，

OKR 会将矛盾激化，暴露问题。一定阶段面临的挑战，会把组织内部不同生命周期的问题暴露出来。组织敢不敢、要不要去主动揭开矛盾？还是采取稳妥的策略，先保证生存？

要换人、敢换人，依赖于组织储备的人才梯队。OKR 能够让 CEO、CHO 看清楚导致业务难以维系的原因，但是如何处理很有挑战性。

最大的挑战是对职业化和组织管理的高要求。一旦内部问题暴露，不见得能够解决。短期的矛盾激化是问题，对长期而言肯定是有好处的。

问：公司是如何考核的？

答：目前 OKR 是 KPI 考核的参考，没有打分，但可以用来支撑"361"考核制度（将绩效评分标准整体按照"361"的比重进行分配：3.75~5 分的员工占 30%，3.5~3.75 分的员工占 60%，3~3.25 分的员工占 10%。如果员工年终绩效为 3.25 分或以下，则没有年终奖和晋升机会，连续 2 年绩效评分低于 3.25 分就会有被辞退的风险）。对于人才的评价，OKR 是拉动组织协同目标的工具，用来发现人才，但是不参与打分。

问：在 OKR 推行的过程中，你们多久复盘一次？

答：我们半年举行一次 OKR 的复盘会议。生态企业有足够的资源用来调整岗位，跨级的交流有利于人才培养。

本篇金句

公司只有在某一赛道有绝对优势时才可公开目标 O，用来吸引人才。

——阿里巴巴高层管理人员　赵中梁（化名）

OKR

OKR 利器 5：
复盘 /OKR 循环 & 关键节点讨论法

工具关键词："投入与收益"

管理关键词：管理的层级（Meta-management）

工具逻辑（管理学学术假设）：

（1）OKR 的终极目标，包括管理的终极目的，都是协助企业实现目标。

（2）对 OKR 的复盘，需要体现在企业整体目标完成度上。企业的初级目标需要以盈利为前提；然后，追求诸如 ESG 等更高的目标。

（3）复盘的核心职能之一，就是检查过程中的"内控点"。

OKR 复盘：如何看待利润

管理的终点是利润吗？

相当一部分管理者以"利润最大化"（Maximizing the profit）为首要目标。假设这个目标已经实现了，某家企业已经创造了巨额利润，那这家企业就算是大功告成了吗？显然不是，甚至这会带来更大的问题：巨额利润应该由谁分配？如何分配？管理学的研究者们一直在试图寻找方法回答以上问题，而这些问题不断延展，引出以下问题：

（1）在分配利润的时候，需要考虑员工吗？毕竟他们才是企业利润的主要创造者。如果需要，为什么不在利润被创造出来之前就给予他们足够的福利？

（2）在分配利润的时候，需要考虑企业的客户吗？毕竟他们是利润的来源。如果需要，为什么不直接降低利润空间，为他们提供更物美价廉的产品？

（3）在分配利润的时候，需要考虑社会中的其他利益相关者吗？毕竟企业的经营也受到他们的影响。如果需要，是要走向"先破坏，再补偿"的循环吗？如果不是，是要企业一成立就回馈社会吗？

（4）在分配利润的时候，企业的创始人与高管团队是首要的考虑对象吗？如果不是，为什么大多数情况下，他们在企业尚未成功时，就已经赚得盆满钵满？

（5）在分配利润的时候，充分且及时的资本回报是必要的吗？将绝大部分利润回报给资本是让其充分服务社会的必要条件吗？企业是通过资本达成愿景，还是追求愿景以迎合资本？

（6）在分配利润的时候，企业需要考虑"之前的运气"和"之后的风险"吗？高利润是由于之前运气好，还是对之后期间收益的提前变现？这些利润下隐藏着风险吗？

诚然，"追求利润最大化"是很多商业实体的首要任务。管理学的很多学者在企业管理理论形成的初期，把主要研究精力放在了"如何正当化资本需求"，以及"让'生产—效率—盈利'这个链条如何变得更短、更高效"这两个问题上。

在对利润的复盘中，KPI 是最好的业绩管控工具，直接有效。OKR 的侧重点则不尽相同。本书总结了五个方面，用来复盘 OKR 管理，并用红灯、黄灯、绿灯指标来体现，绿灯表示执行顺利，黄灯表示需要高度注意，红灯则表示需要立刻寻求解决方案。

五维：绿灯方略 POWER

在众多的企业调研中，我们发现，如果仅仅把 OKR 当作企业沟通的一种手段，对于管理者而言就是多了一套交谈的话术而已，用处不大，也多少利于内部达成共识。但是很多迷信"先进"的管理者，不加思考地全盘照搬 OKR 在谷歌的使用方式，力求"全员使用、完全透明、频繁沟通"，甚至强行与绩效考核挂钩，这就难免东施效颦，甚至可能出现"排斥反应"。

"五维绿灯方略"帮助企业管理者在使用 OKR 后进行复盘。此时，企业管理者应该已经充分了解自身企业特点，并对 OKR 的执行效果有了一定的感受。复盘的目的是帮助管理者更了解企业的 OKR 执行效果，并考虑是否进一步加强 OKR 管理。

P 为 Personal：员工能力 / 个人对于工作与绩效的态度。

O 为 Organization：组织结构保障。

W 为 Wealth：基本的工资保障与财富认同。

E 为 Enhancement：主要工作类型及所需的行为持续强化。

R 为 Risk management：合理的风险管控。

POWER 中的每一项都是一个不断循环往复的闭环。在确保五个方面都是"绿灯"之前，不要盲目继续 OKR 管理：在那之前，OKR 只应作为管理的辅助手段，主要用来加强各级间的沟通，增强员工积极性，赋予其一定的决策参与感。

并非企业各级都需要"绿灯"。企业可以有选择地针对某些岗位定向使用 OKR 管理。在这里，我们将有条件使用 OKR 的管理范围称为"绿灯闭环"。

P：绿灯条件—管理理论的奠基人之一道格拉斯·麦格雷戈的 Y 理论描述的那种员工普遍存在。

如何衡量：在 OKR 管理中，员工可以更主动地参与企业决策。

调研对象：由人力资源总监主导，对员工进行问卷与调查。

O：绿灯条件—扁平化管理（Flat Organization）与分权已经执行，并且已成为常态。

如何衡量：组织中具备比较通畅的信息传递渠道，管理者强调员工充分参与企业的决策过程。

调研对象：实施 OKR 前后组织汇报层级和沟通方式的变化。

W：绿灯条件—岗位工资高于平均水平，或采取相对成熟的期权合作制。

如何衡量：员工满意度高，并且硬性绩效指标的完成压力不大。

调研对象：实施 OKR 前后的薪酬结构分析。

E：绿灯条件—创造性的工作多于规范化、流程化的既定工作；同时，自我管理的行为模型优先于制度管理的强制模型。

如何衡量：非日常工作的占比，新产品或新项目立项与成功的比例。

调研对象：日常沟通（比如邮件）的主题。

R：绿灯条件—对于 ES 管理（E 为 Environment；S 为 Safety）有基本的风险把控制度。

如何衡量：职业环境中，内控点的设立合理，对 KPI 的需求减弱。

调研对象：管理事件中针对内控的时间计算；对过往管理事

件的复盘。

随着企业外部环境、人员结构、管理方式的变化，POWER随时有亮红灯预警的可能。实时关注这几个方面，确保 OKR 在一个有效的环境中运行，是 OKR 管理的重要任务。

我们很难想象可以匀速开车到达目的地。管理企业要复杂得多，当然更需要时刻关注变化。

OKR 提问清单：BEYOND 六阶认知法

这里讨论的是在使用 OKR 时需要注意的六个关键要素。

使用 OKR 的核心思想是确保企业有实时提问并尝试找寻答案的能力。这里的"BEYOND 六阶认识法"可以帮助管理者思考相关问题，更好地落地绩效管理工具。

B 为 Business：商业核心——探究在设置 OKR 时目标间的连接问题

（1）"企业"是独立的个体吗？

（2）企业与人的存续，哪个更重要？

（3）是什么赋予了企业存续的意义？是目标，还是效率？

（4）企业的核心业务是什么？

（5）企业现在是多条业务线同时发展吗？如果是，它们同时存在的意义是什么？

E 为 Environment：企业所处环境——探究 OKR 沟通频次与预留空间问题

（1）我们到底在一个什么样的行业中？

（2）主要竞争对手来自哪里？

（3）我们这个行业还在发展吗？发展阶段与速度分别是什么情形？

（4）这个行业会出现巨大风险或者颠覆性变革吗？

Y 为 Youth：企业尚未成熟的条件——探究 OKR 使用中的"挑战"

（1）时机：外部待解决的问题有哪些？

（2）人员：如何从量变到质变？

（3）配置：软硬件的适配程度如何？

（4）文化：企业倡导的文化是否被全盘接受？

O 为 Organization：企业结构——探究 OKR 与不同的组织结构的互动关系

（1）目标的设定是来自上层管理者，还是基层员工？目标是注重权威，还是注重参与？

（2）我们的企业属于什么结构？

（3）我们的企业是集权还是分权？

（4）根据麦格雷戈的理论，我们的员工属于 X 理论所描述

的员工还是 Y 理论所描述的员工？对员工的第一激励要素是
什么？

**N 为 Need：企业无法自我供给的内容——探究 OKR 的天
生短板**

（1）行业族群的意义对于企业而言重要吗？

（2）外包、全球化、资源配置、放弃战略，哪个理念更能
满足企业所需？

（3）是"大而全"重要，还是"精干、效率高"重要？

**D 为 Data：获取管理数据的能力——探究 OKR 的定量基
础与考核的可行性**

（1）从数据到经验，我们目前缺的是什么？

（2）从人才培养到基础设施投入，哪个更重要？

（3）我们的绩效考核是主观的吗？

关于 BEYOND 的进一步解释

（1）传统的商业分析主要分为"内部分析"与"外部分
析"两方面，包含在商业核心（Business）和企业所处环境
（Environment）中。商业核心决定了企业的主要流程，而主要
流程反映了企业的定位与选择。很多 OKR 执行中的失败，源于

KR 的决策过于随机、太过情境化，大家对于 KR 的选择更多地基于当时、当下的情景，这会让 OKR 在经过几个管理层级的传递之后，便偏离了企业的初衷。

（2）管理的本质是决策，因此 OKR 需要考虑"决策机制与权力流程" [即企业结构（Organization）] 和"决策最重要的依据" [即获取管理数据的能力（Data）]。

（3）因为 OKR 强调"物竞天择，适者生存"，因此发现"不适"很重要，也是管理者需要自省的重要部分。"不适"表现为当下的不适，现在的不足，"企业无法自我供给的内容"（Need）体现的是企业目前的需求；"企业尚未成熟的条件"（Youth）体现的是企业进化到下一阶段的不足。

因此，将 BEYOND 分解后，还可具体解释为：

BE——定位，解释为企业内外部信息的基本调研。

OD——决策力，解释为企业管理情况探究。

NY——生命力，解释为企业当下与未来的演变意愿与限制条件。

OKR 的 OKR：执行中常见的三大失效原因

O 为 Overdo，是指执行 OKR 的时间成本与管理消耗过大。

K 为 Kite，是指如风筝般脱离实际；失效的管理如同断了线的风筝，让企业失去对团队的控制力。

R 为 Repercussion，是指企业新旧文化与管理理念之间的冲突引发的负面情绪反弹。

OKR 使用经验总结：八字四法

共愿（Shared Vision）

在认知企业的时候，管理学的主流观点是"企业是独立的个体"。作为一个独立的个体，企业需要有自己的"愿景"与"使命"。一般而言，这个使命是创业者或者高层管理者赋予的。在理想情况下，企业的其他人应该受到这个使命的召唤，协助企业达成该目标。

本书的一个核心观点是"企业不是独立存在的"，企业的概念依附于集体而存在。集体是变化的，企业作为集体意志的表征也在变化。这种情况在传统企业经由平台化企业向分布式商业形态的转变中，会越发明确地体现出来。

因此，本书提倡管理者的工作链条不是"确认愿景—招募员工—文化训导"，而应该是"确认关键集体—识别共同愿景—形成文化共识"。

集团层面的"共愿"只是一种理想状态，很难也没有必要达成。一个企业、一个项目、一个团队，甚至一段时间、一个空间，都可以形成独特场域的"共愿"。"共愿"的提出，更多的是一种管理思维上的转变：管理者在制定目标时，要优先于

"企业个体"考虑"大众集体"的诉求满足。完成"共愿"的方式有两种，一种是发现所有参与者的愿景交集，并努力协调。这需要大量的前期沟通，OKR 的一部分属性便基于此。OKR 的 O 的一个核心设定就是这个"目标"是上下充分沟通后彼此接受的，达成了一个阶段层面上的共愿。而在具体的执行中，这也是 OKR 失败的一个主因：在"三级管理"制度下的目标设定，带来了形式主义问题，制定 OKR 不再是员工的主动意愿，而变成了完成上级工作要求的象征性行为。当共愿消失，OKR 的优势也不复存在。

　　另一种方式更为简单直接，即将集体中关键利益相关者的角色统一。在一个场域里保证角色数量尽可能少，这样就减少了"固有身份"带来的"角色冲突"[⊖]。

　　在企业中最典型的例子就是"员工"与"资本"的冲突。如何定位"员工"，一直是资本思考的问题。从奴隶到人力，从人力到人资。再到现在前沿思潮中将"员工"定义为"人力资本"，无论名义上员工的地位如何提高，一个核心的矛盾并没有解决："员工拥有越高的地位、越高的福利，就越意味着成本的增加，这就会降低资本的回报率。"

　　如何解决这个核心矛盾？华为给出了一个独特的回答："将

　　⊖　角色冲突来自卡恩的"重叠角色组"模型。角色组中的不同成员对中心人物有不同的期望。这意味着角色组中的人员构成越复杂，其角色冲突就越大。

员工与资方统一，实行全员工所有制。"一个简单的角色统一达成了共愿；这个共愿，对于华为而言，是一种超级能力。为什么其他企业就算可以投入，也不能这么保证？因为其他企业有股东大会，有更高一层的治理结构，这样的保证不是这些企业可以做出的。

同时，由于资方与员工的统一，中间管理层也可以充分自治，形成华为的轮值主席制度和"共有、共治、共享"的治理原则。

华为的成功是否可以全盘复制？当然不能，就算有第二个企业可以达成全员工所有制，也一定会遇见与华为截然不同的问题。但是，企业管理者可以尝试在项目范围内达成员工参股。有一个比较典型的例子是在万科内部推行的跟投制度：当万科内部出现新项目的时候，万科会优先开放员工的跟投。在项目层面上，万科让一部分员工变成了项目投资人。而 OKR 的管理思想，可以很好地协同管理这个维度的项目，保证员工的积极投入。

同力（Concerted Effort）

从目标到关键成果的拆解过程，应该以"同力"为前提。

"中式管理"下对权力的整合，可以从组织发展的需求角度来理解。企业各利益相关者的最终走向是"权力共存"（Power-with），而非"平等权力"（Equal Power）。"平等权力"意味着给双方提供公平斗争的条件，会形成对抗。比如上文提到的"员工与资方的矛盾"，员工会通过组建工会寻求与资本的平等对话，就是一种典型的对抗。"权力共存"是形成一种合作的权力，也是在共愿的基础上，允许各种差异存在的同时消除对抗。

同力的核心在于两点，第一点在于"力"的方向与大小判定。基于库尔特·勒温（Kurt Lewin）提出的力场分析法（Force Field Analysis）可以判定，企业在前行中，需要应对两种不同的力：推动事物发生变革的力量，即驱动力；试图保持原状的力量，即制约力。

第二点在于"力的管理：强化与拆解"。企业的支持与辅助团队应该围绕力场，对驱动力进行强化，同时尽量消解制约力。

知略（Knowledgeable Antenna）

管理的本质是人，不是权力。管理上取得的每一项成就都是管理者的功劳，每一次失败都是管理者的责任。管理者的立身之本在于其如何与内外部环境沟通，沟通的本质是关系的确认。

管理者是否知己知彼，很大程度上决定了组织的管理水平。知己知彼体现在企业对于"天时地利人和"的理解。OKR 帮助管理者在进行管理之前，了解自身的管理者属性。

同时，管理者需要极度重视绩效。大部分的管理工具，包括 KPI、BSC 等，都是绩效类的评估工具，OKR 中也包含绩效的部分。但是，由于使用不同的量化指标进行评估，很多绩效考核最终都偏重财务方面。这不是不对，是不够全面。财务指标有自身的问题，包括短视、重视利润等。而 OKR 可以引导企业去理解真绩效。

适配（Befitted Strategy）

适配的行为指导将构成 OKR 的目标。目标的设定不应该来自"老板意志"，而应聚焦在"共愿"的达成上。适配行为强调优先级排列，协调、监督的职责应该交回上级管理者，或通过设置中心协同小组来实现。

在回顾管理学的演变历程时，我们更加相信：管理是一个动态适配的过程。我们需要不断整合管理分析工具，协助企业在这个时代激流勇进，奔向星辰大海。

"中式管理"畅想——归根结底，华为只做了一次选择

当我们回望人生的时候，会发现改变我们生命轨迹的，往往不是在深思熟虑后做出的理性选择，而是某个再平常不过的日子，由着性子、不经意间的决定。

企业也是一样，看似纷繁复杂的商业决策，归根结底会变成一道"二选一"的问题。困难的是，两个选择都带有明显的优劣势与不确定性。最后，企业也只能由着性子做出选择——只是

这个时候，我们把这个性子称为"企业文化"。

在进行管理时，企业文化将直接关乎"共愿"的达成，以及形成"同力"的难度。让我们用华为的案例来探究企业文化的形成过程，以及为什么是华为形成了"员工持股制度"，并可以有效地执行下去。

扶阳者昌，奉阴者寿

"我们家当时每餐实行严格分饭制，是控制所有人欲望的配给制，保证人人都能活下来。不这样，总会有一两个弟妹活不到今天。"任正非回忆，即使每天要辛苦工作十几个小时养活一家人的父母，或是年幼的弟妹，从来也不会多吃一口。

生活是艰辛的，可无论怎样难熬，任摩逊和程远昭从不多吃一口粮食，程远昭身上的母性光辉也越发夺目，她那份本就不多的口粮，总会出现在急需填肚的孩子的碗里。

日后，任正非曾感慨："我的不自私是从父母身上学到的，华为之所以这么成功，与我的不自私有一点关系。"

有一道基本的"二选一"决策题摆在每一位管理者面前："在不可兼得的情况下，经营企业应该着眼当下，还是顾及未来？"

这个问题有很多的变体。在业务经理的眼中，这个问题是"应该赢得轰轰烈烈，还是守得长长久久"；在股东那里，这个问题是"创造利润之后，是要当年分红，还是持续投资"；在员工那里，这个问题是"我需要即时的奖金，还是愿意与企业一起拼搏、拿长期分红"；甚至连客户也会选择，"我是选择性价比最优产品，还是愿意给不成熟的品牌机会，与其一起成长"。

华为每一个层面的利益相关者在面对这个问题时候，都没有犹豫地做出了一致选择。回望华为的成长和发展，每一次艰辛的抉择，都印证了任正非所说的："活下去，是华为的最高纲领，也是最低纲领。"

这是"共愿"的前提：在核心问题上，保持方向一致。

"超越理念"的企业文化具备这几个特点：首先，企业文化由企业创始团队构建，可以是口头的、文字的、行动上的。企业文化在企业成长中不断迭代。如果企业文化本身足够单一且强大，它会影响企业，并逐渐形成完整的"企业价值观"。如果一开始企业文化就是摇摆的，比如"我们希望企业可以酣畅淋漓地赢得每一次战役，并持续为所有人长远赋能"，那么这种企业文化注定失败：企业员工在面临抉择时无所适从，不能达成"共愿"。

华为的文化基因

"控制所有人欲望的配给制，保证人人都能活下来。"这样的理念，体现在任正非的每一个重大决策中。提到什么是企业的成功时，《任正非谈管理》一书给出的答案是："什么叫成功？是像日本企业那样，经九死一生还能好好地活着，这才是真正的成功。华为没有成功，只是在成长。"

　　企业创始人一定会塑造一套强大的价值观与行为处事原则，这是形成企业文化的第一要素。即使在其退休后，这些价值观和原则也存在一定的惯性。换言之，企业文化一旦形成，将对企业产生深远的影响。

　　如果假设"虽历九死，而得一生"是华为一贯的处事原则，我们就不难理解为什么华为会将设立在香港科学园的三大核心实验室之一取名为"诺亚方舟实验室"，以及为什么贯彻"以客户为中心，以奋斗者为本，长期坚持艰苦奋斗"可以使华为高效达成"共愿"。

华为在不同维度的选择

　　客户的"共愿"达成：以客户为中心，用真诚持续的付出，换得客户愿与其共存、繁荣。

　　华为的企业文化中，第一条就是"以客户为中心"。"客户才是我们的衣食父母。"华为第五位员工、现任三位轮值执行长之一的郭平接受采访的时候如是说。

　　"短期来看，我们是吃亏了，但长期就不见得。"邱恒（华为企业业务 CMO/ 全球 Marketing 总裁）回应。客户在我们这省下的钱，可以用于其他投资，研发出更新的产品。客户赚来更多的钱，再回头来跟我们合作，双方一起成长。"当他只能赚 1 元钱的时候，肯定无法分给你 1.5 元；他若能赚 5 元钱，你才有机会分到 2 元甚至 3 元。"邱恒道出了一个简单的商场互利逻辑，同时，这个理念也体现了华为的选择。

资本的"共愿"达成——员工持股计划，让员工与企业一起拼搏努力。

"公司营运得好不好，到了年底会非常清楚。"邱恒说，"你的努力程度，直接反映在薪资收入上。"

以他为例，2009 年因为遭遇金融海啸，整体环境不佳，公司成长速度不如以往，他的底薪不变，但分红跟着缩水。隔年，华为的净利润创下历史新高，他的分红就超过前一年的 1 倍。

这相当于把公司的利益与员工的个人利益紧紧绑在一起。在华为，一个被外派到非洲的基础工程师如果能帮公司服务好客户，争取到一张订单，年终获得的配股额度、股利，以及年终奖金总额，会比一个坐在国内的办公室但绩效未达标的高级主管还要高。

如何保障"生命"的活力——华为的工作文化

在一定程度上，华为的工作文化是筛选"非共愿"者的一种机制，同时也体现了"以奋斗者为本"。同时，华为还有一种很另类的企业文化，叫作"辞职文化"。"在如何对待奋斗这个问题上我们不妥协。不奋斗的人、明哲保身的人，该淘汰的就坚持淘汰。否则，无法保证公司的长远发展。"

如何保证任何个人不会威胁企业的生存——"虚拟股"

虽然华为早在 1990 年就开始让员工持股，但华为的执行股东并不是员工，而是华为投资控股有限公司工会委员会和唯一一个自然人股东——任正非。华为员工的股份都是"虚拟股"，其持有人没有所有权、表决权，仅有收益权。所以，华为员工的"股份"只有在华为任职的时候才有分红，一旦离开公司，"虚拟股"就会被公司回购，员工也就享受不到股份的分红。

这样的持股设计，一度给华为带来了负面口碑，甚至法律风险。但是，这让华为持续保持活力。华为给了员工充分的信心，而有信心的员工势必带来更优秀的业绩。

很多企业只是拍脑袋想了一句"愿景"作为挂在会议室里的横幅。然后，拼凑一些词汇作为企业文化价值观，却从未认真思考企业关于核心问题的选择是什么。这样形成的愿景、文化价值观，也只会是空中楼阁，无法协助企业达成共愿。

我们如何理解企业是否达成了"超越理念"下的共愿？很简单，想一个核心问题的时候，只保留两个选择，然后去问问你的同事吧。

大道不孤——华为的 OKR 实战总结

时代背景

在中美贸易摩擦的大环境下，2021 年华为业绩下滑 30%。

2022 年 8 月，任正非在华为内部论坛撰文，提到要把"活下去"作为主要纲领，并认为未来 10 年是一个非常痛苦的时期，全球经济会持续衰退。文章中的"把寒气传递给每个人""不要再抱幻想，讲故事骗公司"迅速成为互联网金句，在经济管理圈近乎刷屏。

关键流程

BLM：知道每个部门的明确战略目标和重点工作。

DSTE：制定战略后，利用 OKR/KPI 执行流程。

战略：每三年做一次，每年都更新。如果发现有些业务可以重点运营，会根据实际情况来调整。

战略执行流程：一年做一次，一次持续半年。每年 6~7 月启动，8 月开始制定、各部门展开工作，11~12 月到达高峰期。

SP：面向未来 3~5 年的规划，通过追踪行业动向形成洞察。

BP：一年中相对具体的业务规划。集中讨论"关键假设""关键依赖"，分析判断有没有问题，决定做不做某个生意，以及怎么做这个生意。从每年的 6~7 月开始，到下一年的 3~4 月结束。每年都要走流程，但根据"外部国际环境"和"技术发展趋势"，有大年和小年之分。

关键流程和 OKR 的关系

关键流程通过分析环境的变化得出未来去哪里。各个部门通过 OKR 的落地，自上而下落实到个人绩效承诺（Personal Business Commitment），进而确定需要匹配什么样的能力，让员工知道自己要干什么，中期审视是否因为外部条件的变化而需要调整。把战略变成可落地的流程就是 BLM\OKR\PBC。

打分评价的原则

不同事业部有不同的 OKR，满分都是 120 分，由指导运营部按月度和季度检测 OKR 达成情况、给出建议，给出年度得分和原因解释。个人层面没办法那么精确，可能要综合领导的印象和评价。

团队内部每个月都会看考评结果，分析如何应对和处理有风险的目标。

个人层面，每半年考评一次；季度中期审视需要自评，由公司提供辅导。

整体员工之中：A 占 20%，B 占 15%，C 占 5%，其他都是 B+。

员工都想进入 A 和 B+ 的范围，不想进入 B 和 C 的范围，有一定内卷的氛围。D 是在严重违规时才会出现。

打分与年终收入直接挂钩，绩效考评完之后每年 5 月发奖金。

（1）对于刚入职的新人，如果一人连续三年得 A，另一人连续三年得 B，那么得 A 的人的奖金将会是得 B 的人的几倍。

（2）得 A 的人可能每年涨薪 30%~50%，得 B 的人涨薪不能超过 10%。进入华为的应届毕业生任职级别从 13 级起步，逐步升级，中国区总裁大约是 26 级，集团层面二级领导大约是 28 级。即便得了 B+，如果排名靠后，那么升职也会比较困难。

（3）华为 ESOP（虚拟受限股）也和职级挂钩。例如，16 级最多配 30 万股，17 级则是 50 万股。

PBC 最后的打分 90% 取决于自己的直接主管，在华为直接主管的权力是非常大的。

关于末位淘汰

华为的干部每年淘汰超过 10%。中国区共有 30 个代表处，这 30 个代表每年淘汰三个或三个以上干部，以留给年轻人升职的机会。

在员工层面，考核并非依据当年的 OKR，而是连续看三年到五年的表现，结合外部环境和战略调整进行。如果连续五年绩效都是 B 和 C，员工可能进入淘汰行列，但还是要先判断其所处行业是否进入下滑趋势，或没有达到预期的热度。"劝退"是一种人力资源管理的工具，在大部分时间里是不必须使用的，因此华为整体的离职率很低，有时只有 2%~3%。2014—2015 年上升到 8%~10% 就是因为运用了末位淘汰。

干部的末位淘汰就是调离岗位，变成普通员工。员工的末位淘汰是直接劝退或者降级使用（当时收入不会有太大的变化，但名义上降级），劝退基于合同给予正常补偿。

关于调岗指派

越是高层管理者越接近于任命制，但事先会有一定的布局。

培训的方式

培训由专人管理，不需要全员专业培训。人力资源部门负责绩效管理的人带头协调和赋能，讲解操作流程和规则。

OKR 的价值

OKR 对目标协同肯定有益处，大家知道要干什么及要到哪里去，其他部门的人都在做什么。对 OKR 结果的应用会激发员工的斗志和动力，由于 A 和 B+ 差距大，得了 B+ 的员工会加倍努力争取得 A，而得了 B 和 C 有淘汰风险，所以员工也会加倍努力避免落后。

有一些 90 后员工对压力的反弹以及对权力巨大的直接领导的控制欲很反感，不适应企业文化，离职率高。OKR 的应用有助于将目标归到员工的自身兴趣上，以及制衡直接领导的权力。

BLM 的重要性

BLM 是华为那么多年没有走偏、没有倒下的关键因素。一直看路并看准方向非常关键。

例如，当运营商事业部洞察到运营商业务已经达到巅峰，未来将呈下滑趋势，就会主动成立企业事业部、消费者事业部，瞄准互联网企业等新兴市场。如果错过转型时机，华为可能就会是一家很平庸的公司。

IPD 的重要性

IPD（Integrated Product Development，集成产品开发）指导华为开发高质量的产品。华为作为一家卖产品的公司，高质量、高口碑来自 IPD 的应用。

OKR 实现了 PBC（Personal Business Commitment，个人绩效承诺）导向的人力资源体系，能激发员工的活力，让组织充满活力。

采访总结

OKR 有目标值、底线值、挑战值，根据实际达成情况打分，比 KPI 涵盖的维度广。

对个人而言，华为的评分项目分为三个层面：KPI、重点工作、个人能力提升。

概括起来说，职级越高的员工，OKR 越精确；基层员工的 OKR 主要作为直系领导的参考。直系领导的考评权力非常大。

IPD：把质量做到极致的产品文化。

BLM：树立领头羊看方向的文化。

OKR+PBC：以奋斗者为本的文化，通过利益分配机制引导员工去奋斗。

对案例的尖锐反思

深秋萧瑟，午后的阳光难以驱散大地上的肃杀氛围。为收集本书中的案例资料，创作小组的成员们奔走大半个中国，连续协同作战已经超过了两年。不少案例由于种种原因被淘汰，又有不少新的情况在数字化转型的大潮中急速发生着变化……怎样才能从案例中提炼出指导意义呢？怎样才能让知识背景不同的读者看懂这本由几位博士基于案例产生的思想碰撞呢？大家陷入了久久沉思。

孙雪峰是创作小组的牵头人。月影如霜，夜色下他的身形显得更消瘦了："大家说说吧，这本书的案例就选这些了。它们……真的有价值吗？"

蔡楚燊阳光圆润的脸庞下隐隐透出的是毕业于欧洲名校的高才生的傲气："说实话，现实情况和我的预期还是相差挺大的。我国不少企业不具备'公开、透明，自下而上'的互联网文化，这些都和传统不完全兼容。老板一心要业绩，但又担心员工在执行过程中只顾个人业绩而忽略全局问题，因此常常陷入两难。"

唐文纲扶了扶他那没有度数的防蓝光眼镜，快速地总结道："是不是我们可以概括为'OKR强调的是过程，不仅仅是结果'。

因此我国企业可以把 OKR 作为'实现生产力的落地，追求不通过加薪就能提升人的工作效率'的过程管理工具。比如，有的企业可以考虑同步使用'JIT'[⊖]这样的工具。"

孙雪峰慢慢点了一下头，缓声道："嗯，不加薪也可以提升人效。"

"从财务角度来看，OKR 不再根据每个任务进行'及时、量化'的'现开销'激励了，实现了激励总成本的可控。"财务专家蔡楚燊附议道，"从考核的方法论角度来看，OKR 确实在定量方式中加入了定性。"

"但是，我还有点担心。"唐文纲略带担忧地补充道，"从控制角度来看，OKR 确实实现了对员工多维的管控，可以增强对员工行为转变的影响。但如果定义 OKR 就是在'定性方法论指导下，修正 KPI 定量激励的偏差，实现对员工的全方位管控，提升过程管理水平'是不是有点过于直白，没有考虑员工的价值实现？"

此时，就读于北京大学的相佩蓉一语道破玄机："大家不要过分纠结啊，我觉得 OKR 的伟大之处是提供人们发挥愿力的可能。"

"快说说看。"大家迅速表现出情绪的转变。

⊖　JIT 是一种拉动式的管理方式，它从后一道工序通过信息流向上一道工序传递信息，这种传递信息的载体就是看板。没有看板，JIT 是无法进行的。因此，JIT 生产方式有时也被称作看板生产方式。

"KPI 主要是考察脑力、体力，平衡计分卡经过完善之后可以考察心力，但人最厉害的是愿力。愿力是无法被额外奖励的，因为实现愿望本身就是最大的奖励。所以推行 OKR 不需要薪酬绑定是它的天然属性。"

"但 OKR 也很难离开 KPI 或者平衡计分卡等工具，因为如果不配合心力、脑力、体力，愿力就是妄念而已。"

"这就引申出两个问题：领导者有没有发挥愿力？他的愿望有没有比员工的愿望宏大？"孙雪峰概括道，"如果老板只是想赚钱，那就别怪员工只想活少、工资高；如果老板只是想公司长期存续，那就别怪员工希望平平安安，混到退休。"

"嗯，付出脑力、体力的员工算是合格员工；付出心力的员工算是优秀员工；当员工付出愿力的时候，员工在人格上是和老板平等的。在大愿面前，不存在上下级的层级关系，只存在分工的不同。"

"我们这样的讨论是不是有点太尖锐了？"蔡楚燊突然问道。

沉默几秒后，孙雪峰朗声道："没关系，我觉得我们就是希望把真相表达给我们的读者，也希望他们了解探求真相背后的思辨过程。"

"对，这些就是我们梳理诸多案例后的对话。虽然不是很流畅，但无比真诚。"相佩蓉赞同道，"唐博士，您怎么看？"

"直心是道场呀。"

未来已来：OKR 与企业数字化转型

在制造业，"精益化"已经是一个有多年历史的课题了，而数字化是近年来新的热点。业界已产生明确的共识：精益化将是数字化的基础和前提，否则数字化本身就是浪费。先精益化后数字化，这既符合工厂管理技术的升级顺序，也体现了精益是基础和前提这一作用。目前不少企业也正在响应国家"智改数转"的号召做智能化改造和数字化转型，但前提是完成精益化，即流程梳理、现场改善、人员培养、系统构建，再用数字化来固化流程和实现信息 JIT。

那么在制造业之外，企业数字化转型是否也有前提条件呢？答案是肯定的。可以说，OKR 和 KPI 这类量化的管理工具就是我国有效落地企业数字化转型的前提条件。特别是那些需要创新、探索未知领域的企业，需要先落地 OKR 再推进数字化转型，从而保障企业的数字化转型进程与人才的奋斗目标相一致，避免资源浪费，切实提高人效。

具体来讲，OKR 是一种用于明确和跟踪目标完成情况，以及促进组织成员协同合作、高效实现愿景的管理工具。可以说近年来随着大量明星企业开始使用 OKR，这种新型的管理工具日益流行，不断表现出成为主流管理工具的态势。目前国内正在实施 OKR 且做得不错的企业有很多，以互联网领域为代表的企业有：字节跳动、百度、阿里巴巴、小米、拼多多；以传统通信行业为代表的企业有：中国电信、中国移动、中国联通；以传统制造、房产企业为代表的企业有：三一重工、旭辉、万科、复星集团、康佳、芭田股份、罗马瓷砖；以年轻的电商、社交、线上、新零售平台为代表的品牌或企业有：得物、得到、知乎、哔哩哔哩、樊登读书、喜马拉雅、瑞幸咖啡、田园主义、理想汽车等。

　　再让我们来探讨一下"数字化转型"这个重要概念。当前，在经济全球化和数字化的冲击下，中国经济正经历着数字化转型的关键期，大数据管理技术突飞猛进，无论是制造业还是服务业都面临着令人眼花缭乱的全新机遇，也为人民生活带来了诸多便捷。数字化转型是指将数字技术和解决方案集成到业务的各个领域。这既是一种文化变革，也是一种技术变革，因为它要求企业在运营方式以及提供客户体验和收益的方式上做出根本性转变。数字化解决方案还有助于赋能员工队伍，并推动业务流程和业务模式转型。

　　2021 年 12 月 12 日，国务院印发的《"十四五"数字经济发展规划》中明确写道："数字经济是继农业经济、工业经济之后的主要经济形态，是以数据资源为关键要素，以现代信息网络为主要载体，以信息通信技术融合应用、全要素数字化转型为重要推动力，促进公平与效率更加统一的新经济形态。数字经济发展速度之快、辐射范围之广、影响程度之深前所未有，正推动生产方式、生活方式和治理方式深刻变革，成为重组全球要素资源、重塑全球经济结构、改变全球竞争格局的关键力量。'十四五'时期，我国数字经济转向深化应用、规范发展、普惠共享的新阶段。"数字经济与数字化转型二者相互依存，企业不做数字化转型就不可能顺利地适应、融入数字经济的大潮，数字化转型必然是企业现阶段经营和发展战略的关注重点。

当下，全球数字经济和数字化转型进入加速发展新阶段。数字化转型热潮凸显了数字化在社会经济中的强大韧性，涵盖数字产业化、产业数字化、数字化治理和数据价值化的数字经济体系框架日益清晰。信息通信技术持续创新释放数字化转型巨大潜能，呈现出面向工程应用的深度优化、技术体系结构的整体变革和理论性基础创新等多个方向，推动数字产业化发展新周期，驱动产业数字化转型的巨大变革。"元宇宙""NFT 数字艺术品"等诸多技术概念在 2021 年彻底走出了技术圈，成了全民关注的焦点，也是值得企业重点研究学习的新领域。

那么 OKR 与数字化转型的关系是怎样的呢？可以明确地讲，"OKR 的落地执行"就是企业实现"深度数字化转型"的成功关键。在理解这个结论前让我们先探讨一下数字化转型的成功标准和主要步骤。

早在 2016 年年底，在乌镇召开的"2016 运营转型峰会"上，华为公司高级副总裁梁华做了题为《以开放视野拥抱面向 ROADS 体验的数字化转型》的演讲。2017 年年初，任正非在"华为质量与流程 IT 管理部员工座谈会"上表示，公司提出了 ROADS 计划，要沿着这条路持续走下去，使公司能实现数字化转型和大平台下的精兵作战，在研发、销服、供应等业务领域要率先实现 ROADS 体验。具体来说，互联网正在快速改变消费者的消费方式和行为，华为将其总结为 ROADS，即实时（Real-time）、按需（On-demand）、全在线（All-online）、服务自助（DIY）和社交化（Social）。这种改变的影响是面向所有行业的，所有企业都不能忽视互联网对消费者行为模式的改变，所有企业都要采取行动转型。企业需要实现由"从内到外"的生产销售向"从外到内"、以客户为核心的整体流程再造，重新构建"客户驱动"的产品和服务。作为中国最有影响力的企业之一，华为提出的"实现客户 ROADS 体验"可以作为企业实现数字化转型的一种参考模型。

托马斯·达文波特在他的《数据化转型》著作中推介了国际分析组织评估企业数据使用状况和数字化转型程度的 DELTA 模型。具体来说，DELTA 涵盖了五个维度的评价方向。首先是数据（Data），企业需要拥有干净、可触及的、独特的数据。接下来，站在整个企业（Enterprise）的角度，数据资源和分析能力需要被共享给全公司，而不是个别的团队。同时企业的各级领导者（Leaders）需要支持数据驱动决策的文化。数字化转型需要拥有明确的核心商业获益目标（Targets）。最后能够分析和执行策略的数据分析师（Analysts）当然也是企业的宝贵资源。DELTA 模型相比 ROADS 模型更全面地站在企业内部梳理了企业逐步实现"数据启动业务"，成功实现"数字化转型"的基础条件。

写到这里，不知各位读者有没有发现，以上的信息梳理正是运用了 OKR 的工作思路，先树立"实现企业数字化转型"的大目标，通过案例挖掘和文献参考明确了以 ROADS 和 DELTA 作为关键成果的设计方向，剩下的就是根据各行各业以及企业的具体情况设定一定时间内可达到的定量结果指标。这里有一个共识非常关键，就是"数字化转型"，特别是实现"数据驱动业务"的深度数字化转型，对企业来说是一场由里到外的深刻变革，必将在相当长的时间内体验"摸着石头过河"的探索过程。这样的变革，一没有内部的经验可以照搬，二不可能有完全精确的样板可以对照，所以制定精确的 KPI 是很困难的，还有可能产生适得其反的效果。比如我们的期望值是企业储备一定量的数据分析师（DELTA 中的 A），如果剔除关键成果间的复杂联动性，单独要求人力资源部门尽快招聘符合"分析师"岗位要求的员工到岗，并依据到岗率评定人力资源招聘专员的绩效奖金，那么招聘人员肯定埋头做事，尽快完成招聘任务。然而 DELTA 是一个复杂联动的体系，领导者对数据驱动决策的理解程度会直接影响公司整体谋求数字化转型的商业收益的目标，而这个目标的调整必将动态影响招聘对象的适配性。反过来，实际上公司通过自身的人才吸引力究竟能吸纳什么水平和经验特征的数据分析师必然对于企业能够获得什么水平的数据，以及企业将拥有什么样的数据分析能力产生重大影响。

面对这种系统联动、时刻需要动态调整的变革状态，OKR 的"聚焦战略、注重逻辑、对齐协同、鼓励自下而上和公开透明"特征显然更加合适企业，企业可以鼓励人力资源部门积极反馈招聘中遇到的实际情况，鼓励全员参与到学习"数据驱动决策"和设定商业获益目标的工作中来，积极推动跨部门协同，不要为了招聘而招聘，避免无谓的投入，以实事求是的精神提升工作的实际成效。

关于企业实现数字化转型的路径有很多模型，各有偏重，但综合起来可概括为"数字化运营""数据化决策"和"数智化治理"三个阶段，以及"积聚数字化转型的能量""培养数字化能力"和"提升数字化能效"三个工作重点。

企业实现数字化转型这场深刻的变革需要上下各级齐心协力，而背后耗费的"能量"可以用阿里巴巴的"心脑体模型"（见下页图）来描述。心力背后包括使命、愿景，管理理念，言行举止。这是一个组织最关键的能量来源。而脑力又有三个核心：价值观、人才理念和核心能力识别。体力对应着组织的治理，通过一些机制，确保一些事情能持续发生。它包含了三点：互动体系、组织架构、利益分配体系，其中利益分配体系非常关键。

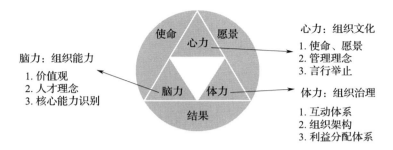

图来源：微博"道一：阿里巴巴组织的心脑体"

　　培养企业的数字化能力，除了大家都已经比较了解的 ABCD（人工智能、区块链、云计算、大数据）等支撑技术，更具有普遍价值的是完善支撑数字化转型的公司制度，以及提升主动变革的团队意愿。在彼得·圣吉的《第五项修炼》一书中，我们学到了观察在企业中发生的事情，分析组织发展趋势，不仅仅需要一般意义上的"人际洞察力"或者"情商"，还需要具备系统思维特征的"组织洞察力"。我们需要不断深挖，从组织结构和规章制度入手，剖析组织中领导者和成员集体的心智模式，并进一步与企业的愿景或者生存忧虑建立关联，让数字科技服务于提升企业竞争力、实现长远愿景使命，而不是为了数字化而数字化，为了转型而转型。

　　最后再度使用华为的 ROADS 模型来评估企业的数字化能效，我们发现"实时在线"和"按需自助"的目标恰恰与 OKR"时刻不忘战略、鼓励公开透明"的主张不谋而合。而"社交化"体验又与"上下充分沟通，强调对齐协同"的 OKR

管理方法紧密挂钩，见下图。

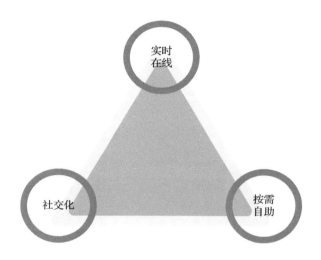

　　综上所述，可以说，企业实现深度数字化转型离不开管理方法上对于 OKR 的探索实践，同时 OKR 的成功落地也需要企业数字化转型的支撑，这两场对企业生存发展至关重要的变革本质上就是一个整体，互为表里、密不可分。